Auxiliar Administrativo/a del Ayuntamiento de Murcia

Abril, 2026

*La diferencia entre aprobar
y sacar plaza*

Auxiliar Administrativo/a

AYUNTAMIENTO DE MURCIA

Si aún no dispones de tu **Curso MAD360**, te ofrecemos un acceso GRATIS de 30 días para que disfrutes de los siguientes recursos:

- Técnicas de Memoria 360.
- MADTEST: Test *online* Nivel PRO.
- Temario en formato digital.
- Vídeos.
- Esquemas.
- Planificación de estudio.
- Foro entre opositores hasta la fecha del examen.*
- Recursos y novedades exclusivas.
- Consúltanos sobre tu oposición y proceso selectivo.
- Actualizaciones legislativas (Boletines Oficiales) hasta 60 días antes de la fecha del examen.*

Para acceder a esta prueba del Curso MAD360** será necesaria la compra de todos los libros para esta especialidad de la edición 2026.

Regístrate en **mad.es/iniciar-sesion** y en la pestaña MIS CURSOS valida los códigos que encuentras en la última página de tus libros.

NOTA IMPORTANTE:

* Examen de esta categoría profesional correspondiente a la convocatoria publicada en el BORM núm. 49, de 28 de febrero de 2026, o hasta el 30 de abril de 2027, lo que se cumpla antes, y previa renovación del servicio.

** El acceso al CURSO MAD360 estará disponible desde abril de 2026 (algunos recursos podrían estar disponibles en fecha posterior). Tendrá una duración de 30 días RENOVABLES mediante pago, desde la validación de códigos, o hasta el 31 de octubre de 2027, lo que se cumpla antes.

MAD se reserva el derecho a ampliar dichas fechas.

Auxiliar Administrativo/a del Ayuntamiento de Murcia

Test del temario

Autores

FRANCISCO JESÚS TORRES FONSECA
Licenciado en Derecho

LIDIA PONCE MARTÍNEZ
Licenciada en Psicología

TERESA MARÍA TORRES FONSECA
Licenciada en Derecho

PATRICIA PÉREZ SÁNCHEZ-ROMATE
Licenciada en Derecho

SERGIO JIMENO MOLINS
Ingeniero Superior en Telecomunicaciones
Profesor de Educación Secundaria Obligatoria y Bachillerato

MIGUEL ÁNGEL NAVAS DUEÑAS
Ingeniero Superior en Telecomunicaciones
Profesor de Informática de Ciclos Formativos de Grado Medio y Bachillerato

© 7 Editores Recursos para la Cualificación Profesional y el Empleo, S.L. (7 Editores)
© Los autores
Primera edición, abril 2026 (130 páginas)
Derechos de edición reservados a favor de 7 Editores
IMPRESO EN ESPAÑA
Diseño Portada: 7 Editores
Edita: 7 Editores
Avda. San Francisco Javier, 9 · Edificio Sevilla 2 · Planta 11 · Módulos 25-27 · 41018 Sevilla
Teléfono: 954 784 411 · WEB: www.mad.es · e-mail: administracion@7editores.com
ISBN: 979-13-702-8710-8
© "Editorial Mad" y "Eduforma" son nombres comerciales registrados de
7 Editores Recursos para la Cualificación Profesional y el Empleo, S.L.

Índice

TEST
PARTE GENERAL

TEST N.º 1

**La Constitución Española. Estructura y contenido esencial.
Título Preliminar. El Título Primero de la Constitución.
Los derechos y deberes fundamentales en la Constitución Española.
Protección y suspensión de los derechos fundamentales**

1. ¿En qué se fundamenta la Constitución Española?

a) En un Estado social y democrático de Derecho.
b) En la indisoluble unidad de la Nación española.
c) En la independencia de los poderes del Estado.
d) En la organización territorial del Estado.

2. Según el artículo 3 de la CE, el castellano es la lengua oficial del Estado y todos los españoles:

a) Tienen el deber de usar y el derecho de conocer el castellano.
b) Tienen el derecho y el deber de conocer el castellano.
c) Tienen el deber de conocer y el derecho de usar el castellano.
d) Tienen el derecho de conocer y usar el castellano.

3. La Constitución Española reconoce y garantiza el derecho a la autonomía:

a) De las nacionalidades que la integran.
b) De las regiones que la integran.
c) De las Comunidades Autónomas que la integran.
d) De las nacionalidades y regiones que la integran.

4. El Preámbulo de la Constitución:

a) Tiene en sí carácter de norma jurídica.
b) Es una declaración de intenciones, destinada a interpretar lo que se quiere alcanzar con el contenido normativo de la Constitución.

c) Se trata de un texto sin fuerza jurídica de obligar.

d) Las respuestas b) y c) son correctas.

5. Señala la respuesta correcta respecto de la aprobación, ratificación y publicación de la Constitución Española:

a) Aprobada por las Cortes el 31 de octubre de 1978, ratificada por el pueblo en referéndum el 6 de diciembre de 1978 y publicada el 29 de diciembre de 1978.

b) Aprobada por las Cortes el 30 de octubre de 1978, ratificada por el pueblo en referéndum el 16 de diciembre de 1978 y publicada el 27 de diciembre de 1978.

c) Aprobada por las Cortes el 31 de octubre de 1978, ratificada por el pueblo en referéndum el 16 de diciembre de 1978 y publicada el 29 de diciembre de 1978.

d) Aprobada por las Cortes el 10 de octubre de 1978, ratificada por el pueblo en referéndum el 26 de diciembre de 1978 y publicada el 30 de diciembre de 1978.

6. ¿En qué parte de la Carta Magna se establece la exposición de motivos que impulsan la norma constitucional y los objetivos que con ella se pretenden alcanzar?

a) En el Título Preliminar.

b) En el Preámbulo.

c) En el Título I.

d) En el Título II.

7. La Constitución Española fue sancionada por:

a) El Rey.

b) El Presidente del Congreso.

c) Las Cortes Generales.

d) El Presidente del Gobierno.

8. ¿Cuáles de los siguientes españoles de origen pueden ser privados de su nacionalidad?

a) Exclusivamente los miembros de grupos terroristas.

b) Los miembros de grupos terroristas y los que atenten contra el Rey u otro miembro de la Casa Real.

c) Los que atenten contra un miembro de la Familia Real o del Gobierno de la Nación.

d) Ningún español de origen podrá ser privado de su nacionalidad.

9. Según la CE son fundamentos del orden político y la paz social:

a) La dignidad de la persona, los derechos violables que les son inherentes y el respeto a la ley.

b) La dignidad de la persona, el desarrollo limitado de la personalidad y el respeto a la ley.

c) El respeto a la ley, a los reglamentos administrativos y demás disposiciones legales.

d) La dignidad de la persona, los derechos inviolables que le son inherentes, el libre desarrollo de su personalidad, el respeto a la ley y a los derechos de los demás.

10. ¿Cuál de los siguientes es considerado por la CE como uno de los valores superiores del ordenamiento jurídico?

a) La jerarquía normativa.
b) El pluralismo político.
c) La publicidad normativa.
d) La equidad.

11. La forma política del Estado español es:

a) Democracia parlamentaria.
b) Gobierno parlamentario.
c) Monarquía parlamentaria.
d) República democrática.

12. La parte de la CE que regula la estructura de los principales órganos del Estado recibe el nombre de:

a) Parte dogmática.
b) Parte orgánica.
c) Parte estatal.
d) Parte estructural.

13. Según la CE, la soberanía nacional:

a) Corresponde a las Cortes Generales, al estar compuestas por los representantes del pueblo.
b) Corresponde al Rey.
c) Reside en el pueblo español.
d) Corresponde al Gobierno de la Nación elegido directamente por el pueblo.

14. El derecho a la propiedad en nuestra Constitución es un Derecho:

a) Inherente a la condición humana.
b) Absoluto.
c) Limitado por la función social de la misma.
d) Ninguna de las respuestas anteriores es correcta.

15. ¿En qué parte de la Carta Magna se señalan los valores superiores del orde-namiento jurídico?

a) En el Preámbulo.
b) En el Título Preliminar.
c) En el Título I.
d) Ninguna respuesta es correcta.

En MADTEST tienes **más preguntas de este tema**, y todos tus avances quedan registrados y se reflejan en el ranking.

¡Supera tus límites con MADTEST!

Solución al test n.º 1

1. b) En la indisoluble unidad de la Nación española.

2. c) Tienen el deber de conocer y el derecho de usar el castellano.

3. d) De las nacionalidades y regiones que la integran.

4. d) Las respuestas b) y c) son correctas.

5. a) Aprobada por las Cortes el 31 de octubre de 1978, ratificada por el pueblo en referéndum el 6 de diciembre de 1978 y publicada el 29 de diciembre de 1978.

6. b) En el Preámbulo.

7. a) El Rey.

8. d) Ningún español de origen podrá ser privado de su nacionalidad.

9. d) La dignidad de la persona, los derechos inviolables que le son inherentes, el libre desarrollo de su personalidad, el respeto a la ley y a los derechos de los demás.

10. b) El pluralismo político.

11. c) Monarquía parlamentaria.

12. b) Parte orgánica.

13. c) Reside en el pueblo español.

14. c) Limitado por la función social de la misma.

15. b) En el Título Preliminar.

TEST N.º 2

**El procedimiento administrativo común y sus fases.
El acto administrativo. Concepto. Elementos. Clases. Requisitos:
motivación y forma. La invalidez del acto administrativo.
Supuestos de nulidad de pleno derecho y anulabilidad.
El principio de conservación del acto administrativo.
La notificación y publicación de actos administrativos.
La revisión de los actos administrativos.
Los recursos administrativos**

1. Serán motivados, con sucinta referencia de hechos y fundamentos de derecho:

a) Los actos que se separen del criterio seguido en actuaciones precedentes o del dictamen de órganos consultivos.
b) Los actos que limiten derechos subjetivos o intereses legítimos
c) Los actos que resuelvan procedimientos de revisión de oficio de disposiciones o actos administrativos, recursos administrativos y procedimientos de arbitraje y los que declaren su inadmisión.
d) Todas las respuestas son correctas.

2. ¿Cuándo se hará la notificación por medio de un anuncio publicado en el Boletín Oficial del Estado?

a) Cuando se ignore el lugar de la notificación.
b) Cuando los interesados en un procedimiento sean conocidos.
c) Cuando intentada la notificación no se hubiera podido practicar.
d) Las respuestas a) y c) son correctas.

3. El contenido de un acto administrativo ha de ser:

a) Ilícito y determinado.
b) Posible y lícito.
c) Determinado o determinable e ilícito.
d) Imposible y lícito.

4. Los actos deben motivarse:

a) Siempre.
b) Nunca.
c) Cuando decidan un procedimiento.
d) Cuando la ley lo prescriba.

5. No tienen por qué motivarse los actos que:

a) Resuelvan recursos.
b) Limiten derechos subjetivos.
c) Se separen del dictamen de órganos consultivos.
d) Todos los anteriores deben motivarse.

6. En la notificación de todo acto administrativo no es necesario que conste siempre:

a) Su texto íntegro.
b) Los recursos que contra el mismo procedan.
c) Los motivos en que se basa la decisión.
d) El plazo de interposición de los recursos.

7. Para que un acto tenga eficacia retroactiva es necesario que:

a) Limite derechos de los particulares.
b) Restrinja el ejercicio de facultades de los particulares.
c) Imponga deberes u obligaciones.
d) No se lesionen derechos de otras personas.

8. Cuando la notificación se practique en el domicilio del interesado, de no hallarse presente, podrá hacerse cargo de la misma cualquier persona que se encuentre en el domicilio, haga constar su identidad y sea:

a) Mayor de catorce años.
b) Mayor de dieciséis años.
c) Mayor de dieciocho años.
d) Mayor de veintiún años.

9. Cuando la notificación por medios electrónicos sea de carácter obligatorio, se entenderá rechazada cuando:

a) Hayan transcurrido veinte días naturales desde la puesta a disposición de la notificación sin que se acceda a su contenido.
b) Hayan transcurrido diez días naturales desde la puesta a disposición de la notificación sin que se acceda a su contenido.
c) Hayan transcurrido diez días hábiles desde la puesta a disposición de la notificación sin que se acceda a su contenido.
d) Hayan transcurrido veinte días hábiles desde la puesta a disposición de la notificación sin que se acceda a su contenido.

10. Señala la respuesta incorrecta. Los actos administrativos serán objeto de publicación:

a) Cuando así lo establezcan las normas reguladoras de cada procedimiento.
b) Cuando lo aconsejen razones de interés público apreciadas por el órgano competente.
c) Cuando el acto tenga por destinatario a una pluralidad indeterminada de personas.
d) Siempre.

11. La regla general cuando un acto infringe el ordenamiento jurídico es:

a) Su anulabilidad.
b) Su validez temporal.
c) Su nulidad relativa.
d) Las respuestas a) y c) son correctas.

12. Los efectos de una declaración de nulidad absoluta se producen desde:

a) Que se notifica el acto anulatorio.
b) El momento de la declaración de la nulidad.
c) La notificación o publicación del acto anulatorio, según los casos.
d) Que se dictó el acto anulado.

13. ¿Cuándo podrá la Administración Pública convalidar un acto administrativo?

a) Cuando el vicio consiste en incompetencia jerárquica.
b) Cuando el vicio consiste en incompetencia funcional.
c) Cuando el vicio consiste en incompetencia territorial.
d) En ninguno de los anteriores casos.

14. La presunción de legitimidad de los actos administrativos:

a) No admite prueba en contrario.
b) Dependerá de lo que el propio acto establezca.
c) Puede ser objeto de impugnación por el particular.
d) Solo se da cuando la ley expresamente lo diga.

15. Los supuestos de nulidad absoluta de actos administrativos:

a) Son la regla general en nuestro Derecho.
b) Son los recogidos en el artículo 47 de la Ley 39/2015, de 1 de octubre, del Procedimiento Administrativo Común de las Administraciones Públicas, exclusivamente.
c) Pueden establecerse expresamente por una disposición con rango de ley.
d) Son solo los del artículo 47 citado y de otras leyes formales.

En MADTEST tienes **más preguntas de este tema**, y todos tus avances quedan registrados y se reflejan en el ranking.

¡Supera tus límites con MADTEST!

Solución al test n.º 2

1. d) Todas las respuestas son correctas.

2. d) Las respuestas a) y c) son correctas.

3. b) Posible y lícito.

4. d) Cuando la ley lo prescriba.

5. d) Todos los anteriores deben motivarse.

6. c) Los motivos en que se basa la decisión.

7. d) No se lesionen derechos de otras personas.

8. a) Mayor de catorce años.

9. b) Hayan transcurrido diez días naturales desde la puesta a disposición de la notificación sin que se acceda a su contenido.

10. d) Siempre.

11. d) Las respuestas a) y c) son correctas.

12. d) Que se dictó el acto anulado.

13. a) Cuando el vicio consiste en incompetencia jerárquica.

14. c) Puede ser objeto de impugnación por el particular.

15. c) Pueden establecerse expresamente por una disposición con rango de ley.

TEST N.º 3

El Municipio. Concepto y elementos del municipio. El término municipal. La población. Formas de organización del Municipio

1. La organización municipal complementaria que establezca una Comunidad Autónoma con carácter general, respecto a los Municipios de la misma:

a) Se aplica preferentemente a la establecida con tal carácter por el Estado.
b) Se aplica preferentemente a la establecida por el Reglamento Orgánico de cada Municipio.
c) Se aplica después de la del Estado y la del Reglamento Orgánico.
d) Las respuestas a) y b) son ciertas.

2. La elección de un Alcalde, tras unas elecciones locales, se efectúa:

a) Directamente en las elecciones locales.
b) En sesión extraordinaria al efecto.
c) En la sesión constitutiva de la Corporación.
d) Por los vecinos exclusivamente.

3. La destitución del Presidente de una Corporación Local se efectúa a través de la:

a) Renuncia.
b) Cuestión de confianza.
c) Moción de censura.
d) Las respuestas b) y c) son ciertas.

4. ¿Se puede presentar más de una moción de censura contra el mismo Presidente de una Entidad Local?

a) Sí, cuando prospere una de ellas.
b) Solo en distintos períodos de sesiones.
c) Depende del Reglamento Orgánico de la Entidad.
d) Nada de lo expuesto es cierto.

5. En una moción de censura contra un Presidente de una Entidad Local, puede ser candidato:

a) Los cabezas de lista.
b) Los portavoces de los Grupos Políticos.
c) Cualquier Concejal cuya aceptación expresa conste en el escrito de proposición de la moción.
d) Ninguno de los anteriores.

6. En el caso de que la cuestión de confianza planteada por un Alcalde no obtuviera el número necesario de votos favorables para la aprobación del acuerdo:

a) Quedan cesados todos sus miembros.
b) El Alcalde cesará automáticamente, quedando en funciones hasta la toma de posesión de quien hubiere de sucederle en el cargo.
c) Se nombra como tal al primer Teniente de Alcalde.
d) Se hace una nueva sesión constitutiva, tras la celebración de elecciones.

7. La denominada competencia residual, en virtud de la cual se le atribuyen aquellas competencias que no estén expresamente asignadas a otro órgano, la tiene en un Ayuntamiento el/la/las:

a) Pleno.
b) Comisiones Informativas.
c) Presidente.
d) Junta de Gobierno Local.

8. El voto de calidad del Presidente de una Corporación Local:

a) Inclina la votación al sector en el que él haya votado, en caso de empate producido en la reunión de un órgano colegiado.
b) Da fe del resultado de la votación.
c) Significa que es muy importante quien emite el voto.
d) Provoca la irrecurribilidad del acuerdo adoptado.

9. La aprobación del proyecto de presupuesto en un Municipio de gran población es competencia del/de la:

a) Presidente.
b) Junta de Gobierno Local.
c) Pleno.
d) Comunidad Autónoma.

10. La delegación de competencias de un Alcalde:

a) Se efectúa por acuerdo de Pleno.
b) Se reviste formalmente en forma de Decreto de dicho Pleno.

c) Se puede dar en todo tipo de materias.

d) Nada de lo anterior es correcto.

11. Los nombramientos de funcionarios en los Ayuntamientos de Municipios de régimen común corresponden al/a la:

a) Pleno.

b) Junta de Gobierno Local.

c) Presidente.

d) Delegado de Personal.

12. La aprobación de las formas de gestión de los servicios públicos en los Ayuntamientos de Municipios de régimen común corresponde genuinamente al/a la:

a) Pleno.

b) Presidente.

c) Junta de Gobierno Local.

d) Comunidad Autónoma respectiva.

13. En un Municipio de 7.000 habitantes, ¿cuántos Concejales habrá de elegirse para su Ayuntamiento?

a) Siete.

b) Diez.

c) Trece.

d) Quince.

14. La representación del Ayuntamiento compete al/a la/a los:

a) Alcalde.

b) Pleno.

c) Junta de Gobierno Local.

d) Tenientes de Alcalde en su ámbito competencial respectivo.

15. La Relación de Puestos de un Ayuntamiento de un Municipio de gran población la aprueba el/la:

a) Junta de Personal.

b) Pleno.

c) Alcalde.

d) Junta de Gobierno Local.

En MADTEST tienes **más preguntas de este tema**, y todos tus avances quedan registrados y se reflejan en el ranking.

¡Supera tus límites con MADTEST!

Solución al test n.º 3

1. b) Se aplica preferentemente a la establecida por el Reglamento Orgánico de cada Municipio.

2. c) En la sesión constitutiva de la Corporación.

3. d) Las respuestas b) y c) son ciertas.

4. d) Nada de lo expuesto es cierto.

5. c) Cualquier Concejal cuya aceptación expresa conste en el escrito de proposición de la moción.

6. b) El Alcalde cesará automáticamente, quedando en funciones hasta la toma de posesión de quien hubiere de sucederle en el cargo.

7. c) Presidente.

8. a) Inclina la votación al sector en el que él haya votado, en caso de empate producido en la reunión de un órgano colegiado.

9. b) Junta de Gobierno Local.

10. d) Nada de lo anterior es correcto.

11. c) Presidente.

12. a) Pleno.

13. c) Trece.

14. a) Alcalde.

15. d) Junta de Gobierno Local.

TEST N.º 4

El Ayuntamiento de Murcia. La organización política y administrativa del Ayuntamiento de Murcia: el Pleno, el Alcalde, los Tenientes de Alcalde y la Junta de Gobierno. Competencias municipales. Reglamento Orgánico del Ayuntamiento de Murcia. Órganos superiores y directivos

1. ¿Qué artículo de la Ley 7/1985, de 2 de abril, Reguladora de las Bases del Régimen Local regula las competencias del alcalde en municipios de gran población como Murcia?

a) El artículo 126.
b) El artículo 122.
c) El artículo 124.
d) El artículo 121.

2. ¿Cuál de las siguientes funciones no es competencia exclusiva del Alcalde?

a) Dictar bandos.
b) Convocar y presidir las sesiones de la Junta de Gobierno Local.
c) Dirigir la Policía Municipal.
d) Aprobar el presupuesto municipal.

3. ¿En qué año se aprobó el Reglamento Orgánico del Gobierno y Administración del Ayuntamiento de Murcia?

a) 2001.
b) 2004.
c) 2010.
d) 2018.

4. ¿Cuál de las siguientes competencias puede ser delegada por el Alcalde en la Junta de Gobierno Local?

a) Dictar bandos.
b) Decidir empates con voto de calidad.

c) La superior dirección del personal municipal.
d) La autorización y disposición de gastos.

5. ¿Qué concejalía es responsable del mantenimiento de la red de saneamiento en Murcia?

a) Concejalía de Medio Ambiente.
b) Concejalía de Infraestructuras.
c) Concejalía de Movilidad.
d) Concejalía de Desarrollo Urbano.

6. Según la Ley 7/1985, ¿cuál de estas facultades no pertenece al Pleno del Ayuntamiento?

a) Control y fiscalización de los órganos de gobierno.
b) Aprobación de los presupuestos municipales.
c) Ejercicio de la acción judicial y administrativa en materias de su competencia.
d) Aprobación de los reglamentos y ordenanzas.

7. ¿Qué mayoría se necesita en el Pleno para aprobar la modificación del Reglamento Orgánico del Ayuntamiento?

a) Mayoría simple.
b) Mayoría absoluta.
c) Mayoría de dos tercios.
d) Unanimidad.

8. ¿Quién es el encargado de redactar las actas de la Junta de Gobierno Local?

a) El Secretario General del Pleno.
b) Un miembro de la Junta de Gobierno que sea concejal.
c) Un funcionario de libre designación.
d) Un técnico del Ayuntamiento.

9. ¿Cuál de estas materias no está dentro de la competencia de la concejalía de Urbanismo?

a) Gestión de licencias de obra.
b) Conservación del mobiliario urbano.
c) Planificación de infraestructuras hídricas.
d) Protección del patrimonio arquitectónico.

10. ¿Cada cuánto tiempo se celebran las sesiones ordinarias del Pleno del Ayuntamiento de Murcia?

a) Cada dos semanas.
b) Mensualmente.

c) Cada tres meses.
d) Bimestralmente.

11. ¿Cuál de los siguientes órganos municipales tiene funciones ejecutivas y administrativas?

a) El Pleno.
b) La Junta de Gobierno Local.
c) La Comisión de Gobierno.
d) La Oficina del Alcalde.

12. ¿Qué función tiene el Consejo Social de la Ciudad?

a) Aprobar los presupuestos municipales.
b) Organizar los servicios administrativos.
c) Emitir informes y recomendaciones en materia económica y social.
d) Dirigir la política de contratación.

13. ¿Cuál de las siguientes no es una función de la concejalía de Seguridad Ciudadana y Emergencias?

a) Coordinar los voluntarios de Protección Civil.
b) Dirigir el Cuerpo de Bomberos.
c) Gestionar la Policía Local.
d) Otorgar licencias de actividades comerciales.

14. ¿Qué concejalía es la encargada de la gestión de la Agenda Urbana de Murcia?

a) Concejalía de Urbanismo.
b) Concejalía de Gobierno Abierto.
c) Concejalía de Medio Ambiente.
d) Concejalía de Movilidad.

15. ¿Qué función tiene la Oficina para la Información de la Actividad Municipal?

a) Controlar la ejecución presupuestaria.
b) Coordinar eventos del Ayuntamiento.
c) Asegurar la transparencia y acceso ciudadano a la información.
d) Gestionar las relaciones institucionales.

En MADTEST tienes **más preguntas de este tema**, y todos tus avances quedan registrados y se reflejan en el ranking.

¡Supera tus límites con MADTEST!

Solución al test n.º 4

1. c) El artículo 124.

2. d) Aprobar el presupuesto municipal.

3. b) 2004.

4. d) La autorización y disposición de gastos.

5. b) Concejalía de Infraestructuras.

6. c) Ejercicio de la acción judicial y administrativa en materias de su competencia.

7. b) Mayoría absoluta.

8. b) Un miembro de la Junta de Gobierno que sea concejal.

9. c) Planificación de infraestructuras hídricas.

10. b) Mensualmente.

11. b) La Junta de Gobierno Local.

12. c) Emitir informes y recomendaciones en materia económica y social.

13. d) Otorgar licencias de actividades comerciales.

14. b) Concejalía de Gobierno Abierto.

15. c) Asegurar la transparencia y acceso ciudadano a la información.

TEST
PARTE ESPECÍFICA

TEST N.º 1

**Los contratos del sector público: las directivas
europeas en materia de contratación pública.
Tipos de contratos del sector público**

1. La contratación administrativa en el sector público viene regulada por:

a) La Ley 9/2017, de 8 de noviembre.
b) La Ley 6/2017, de 24 de octubre.
c) La Ley 3/2017, de 27 de junio.
d) La Ley 4/2017, de 25 de septiembre.

2. Están incluidos en el ámbito de la Ley de Contratos del Sector Público:

a) La relación de servicio de los funcionarios públicos y los contratos regulados en la legislación laboral.
b) Las relaciones jurídicas consistentes en la prestación de un servicio público cuya utilización por los usuarios requiera el abono de una tarifa, tasa o precio público de aplicación general.
c) Los contratos relativos a servicios de arbitraje y conciliación.
d) Los contratos onerosos, cualquiera que sea su naturaleza jurídica, que celebren las Mutuas de Accidentes de Trabajo y Enfermedades Profesionales de la Seguridad Social.

3. Los contratos que tienen por objeto la adquisición, el arrendamiento financiero, o el arrendamiento, con o sin opción de compra, de productos o bienes muebles, son:

a) Contratos de servicios.
b) Contratos de suministro.
c) Contratos de obras.
d) Contratos de gestión de servicios públicos.

4. No se consideran contratos de suministros:

a) Aquellos en los que el empresario se obligue a entregar una pluralidad de bienes de forma sucesiva y por precio unitario sin que la cuantía total se defina con exactitud al tiempo de celebrar el contrato, por estar subordinadas las entregas a las necesidades del adquirente.

b) Los que tengan por objeto la adquisición y el arrendamiento de equipos y sistemas de telecomunicaciones o para el tratamiento de la información, sus dispositivos y programas, y la cesión del derecho de uso de estos últimos.

c) Los de adquisición de programas de ordenador desarrollados a medida.

d) Los de fabricación, por los que la cosa o cosas que hayan de ser entregadas por el empresario deban ser elaboradas con arreglo a características peculiares fijadas previamente por la entidad contratante, aun cuando esta se obligue a aportar, total o parcialmente, los materiales precisos.

5. Están sujetos a regulación armonizada los contratos de obras y los contratos de concesión de obras públicas cuyo valor estimado sea igual o superior a:

a) 5.404.000 euros.
b) 6.581.000 euros.
c) 8.615.000 euros.
d) 1.861.000 euros.

6. Están sujetos a regulación armonizada los contratos de suministro adjudicados por la Administración General del Estado, sus organismos autónomos, o las Entidades Gestoras y Servicios Comunes de la Seguridad Social, cuyo valor estimado sea igual o superior a:

a) 5.404.000 euros.
b) 140.000 euros.
c) 216.000 euros.
d) 80.000 euros.

7. De los siguientes, son contratos privados los contratos celebrados por una Administración Pública que tengan por objeto:

a) La suscripción a revistas, publicaciones periódicas y bases de datos.
b) La concesión de servicios públicos.
c) Los contratos de colaboración entre el sector público y el sector privado.
d) La adquisición de suministros.

8. Conforme al artículo 1.3 de la Ley 9/2017, siempre que guarde relación con el objeto del contrato, en toda contratación pública se incorporarán de manera transversal y preceptiva criterios sociales y:

a) Divulgativos.
b) Comunitarios.
c) Medioambientales.
d) Judiciales.

9. Conforme al artículo 3.4 de la Ley 9/2017, los partidos políticos, cuando cumplan los requisitos para ser poder adjudicador y respecto de los contratos sujetos a regulación armonizada, deberán actuar conforme a los principios de publicidad, concurrencia, transparencia, igualdad y:

a) No discriminación.
b) Eficacia.
c) Sometimiento a las leyes.
d) Legitimidad.

10. En virtud de la Ley 9/2017 (art. 6.1.a), se presumirá que las entidades intervinientes en un convenio tienen vocación de mercado cuando realicen en el mercado abierto un porcentaje de las actividades objeto de colaboración igual o superior a:

a) El 10 %.
b) El 20 %.
c) El 50 %.
d) El 30 %.

11. Se incluyen en el ámbito de aplicación de la Ley 9/2017:

a) Las relaciones jurídicas consistentes en la prestación de un servicio público cuya utilización por los usuarios requiera el abono de una tarifa, tasa o precio público de aplicación general.
b) Las encomiendas de gestión reguladas en la legislación vigente en materia de régimen jurídico del sector público.
c) Los contratos relativos a servicios de arbitraje y conciliación.
d) Los contratos subvencionados por entidades que tengan la consideración de poderes adjudicadores que celebren otras personas físicas o jurídicas en los supuestos previstos en el artículo 23 relativo a los contratos subvencionados sujetos a una regulación armonizada.

12. Un conjunto de trabajos de construcción o de ingeniería civil, destinado a cumplir por sí mismo una función económica o técnica, que tenga por objeto un bien inmueble, es denominado por la Ley 9/2017:

a) Una infraestructura.
b) Patrimonio material.
c) Una obra.
d) Un servicio público.

13. En un contrato de concesión de obras, cuando no esté garantizado que, en condiciones normales de funcionamiento, el concesionario vaya a recuperar las inversiones realizadas ni a cubrir los costes en que hubiera incurrido como consecuencia de la explotación de las obras que sean objeto de la concesión, se considerará que el mismo asume un riesgo:

a) Operacional.
b) Virtual.

c) General.
d) Provisional.

14. Los contratos que tengan por objeto la adquisición de energía primaria o energía transformada se consideran:

a) Contratos de concesión de servicios.
b) Contratos de suministros.
c) Contratos privados.
d) Contratos de servicios.

15. Deberá elaborarse un proyecto y tramitarse como la Ley 9/2017 dispone para los contratos de obras, el contrato mixto en que un elemento del contrato sea una obra y esta supere:

a) Los 50.000 euros.
b) Los 100.000 euros.
c) Los 5.000 euros.
d) Los 10.000 euros.

En MADTEST tienes **más preguntas de este tema**, y todos tus avances quedan registrados y se reflejan en el ranking.

¡Supera tus límites con MADTEST!

Solución al test n.º 1

1. a) La Ley 9/2017, de 8 de noviembre.

2. d) Los contratos onerosos, cualquiera que sea su naturaleza jurídica, que celebren las Mutuas de Accidentes de Trabajo y Enfermedades Profesionales de la Seguridad Social.

3. b) Contratos de suministro.

4. c) Los de adquisición de programas de ordenador desarrollados a medida.

5. a) 5.404.000 euros.

6. b) 140.000 euros.

7. a) La suscripción a revistas, publicaciones periódicas y bases de datos.

8. c) Medioambientales.

9. a) No discriminación.

10. b) El 20 %.

11. d) Los contratos subvencionados por entidades que tengan la consideración de poderes adjudicadores que celebren otras personas físicas o jurídicas en los supuestos previstos en el artículo 23 relativo a los contratos subvencionados sujetos a una regulación armonizada.

12. c) Una obra.

13. a) Operacional.

14. b) Contratos de suministros.

15. a) Los 50.000 euros.

TEST N.º 2

**Las partes en los contratos del sector público.
Órganos de contratación. Capacidad y solvencia del empresario.
Competencia en materia de contratación y normas específicas de
contratación pública en las entidades locales**

1. Serán objeto de publicación en el perfil de contratante los encargos que realicen las entidades del sector público a un ente calificado como medio propio personificado, y que sin tener la consideración jurídica de contrato su importe (IVA excluido) fuera superior a:

a) 5.000 euros.
b) 10.000 euros.
c) 25.000 euros.
d) 50.000 euros.

2. La publicación de la información relativa a los contratos menores en el perfil de contratante debe realizarse, al menos:

a) Mensualmente.
b) Trimestralmente.
c) Semestralmente.
d) Anualmente.

3. En qué tipo de contratos las facultades del responsable del contrato serán ejercidas por el director facultativo:

a) En los contratos de obras.
b) En los contratos mixtos.
c) En los contratos sujetos a una regulación armonizada.
d) En los contratos de concesiones de obra pública y de concesiones de servicios.

4. Sin perjuicio de que se permita el acceso a expedientes anteriores ante solicitudes de información, toda la información contenida en los perfiles de contratante se publicará en formatos abiertos y reutilizables, y permanecerá accesible al público durante un periodo de tiempo no inferior a:

a) 2 años.
b) 3 años.
c) 4 años.
d) 5 años.

5. Por regla general, el acceso a la información del perfil de contratante:

a) Será libre, no requiriendo identificación previa.
b) Estará restringido.
c) Será libre, previa identificación.
d) Precisará previa solicitud motivada de acceso.

6. Los contratos menores cuya información se publica en el perfil de contratante, estarán ordenados:

a) Según la duración de los contratos.
b) Por importe de adjudicación.
c) Por el objeto de los contratos.
d) Por la identidad del adjudicatario.

7. Siempre que el sistema de pago utilizado por los poderes adjudicadores fuera el de anticipo de caja fija u otro sistema similar para realizar pagos menores, no se publicará en el perfil de contratante la información de los contratos menores cuando su valor estimado fuera inferior a (a partir de):

a) Mil euros.
b) Cinco mil euros.
c) Veinte mil euros.
d) Treinta mil euros.

8. Según el artículo 190 de la Ley 9/2017, el órgano de contratación ostenta, entre otras, la siguiente prerrogativa en relación a los contratos administrativos:

a) El derecho general del órgano de contratación a inspeccionar las instalaciones, oficinas y demás emplazamientos en los que el contratista desarrolle sus actividades.
b) La revisión periódica no predeterminada o no periódica de los precios de los contratos.
c) Suspender la ejecución del contrato.
d) La prórroga del contrato sin necesidad de preaviso.

9. Señalar la opción incorrecta. Solo podrán contratar con el sector público las personas naturales o jurídicas:

a) Que tengan plena capacidad de obrar.

b) Que no estén incursas en una prohibición de contratar.

c) Que tengan la nacionalidad española.

d) Que acrediten su solvencia económica, financiera y técnica o profesional o se encuentren debidamente clasificadas.

10. Será requisito indispensable que el empresario se encuentre debidamente clasificado como contratista de obras de los poderes adjudicadores, para los contratos de obras cuyo valor estimado sea igual o superior a:

a) 300.000 euros.

b) 500.000 euros.

c) 800.000 euros.

d) 1.000.000 euros.

11. Podrá exceptuarse la necesidad de clasificación para determinados tipos de contratos de obras y de servicios en los que este requisito sea exigible, mediante:

a) Resolución motivada del superior jerárquico del órgano contratante.

b) Orden del Ministro titular en materia de Hacienda.

c) Orden del Ministro titular del ministerio al que pertenece el órgano contratante.

d) Real Decreto del Consejo de Ministros.

12. No será exigible la clasificación en los contratos de servicios a partir de un valor estimado inferior a:

a) 100.000 euros.

b) 60.000 euros.

c) 200.000 euros.

d) Para los contratos de servicios no será exigible la clasificación del empresario.

13. La clasificación de las empresas tendrá una vigencia de:

a) Dos años.

b) Tres años.

c) Cinco años.

d) Indefinida, en tanto se mantengan por el empresario las condiciones y circunstancias en que se basó su concesión.

14. Para la conservación de la clasificación de una empresa para contratar con la Administración Pública, deberá justificarse el mantenimiento de la solvencia técnica y profesional:

a) Anualmente.
b) Cada tres años.
c) Cada cinco años.
d) Cada diez años.

15. Para la conservación de la clasificación de una empresa para contratar con la Administración Pública, deberá justificarse el mantenimiento de la solvencia económica y financiera:

a) Anualmente.
b) Cada tres años.
c) Cada cinco años.
d) Cada diez años.

En MADTEST tienes **más preguntas de este tema**, y todos tus avances quedan registrados y se reflejan en el ranking.

¡Supera tus límites con MADTEST!

Solución al test n.º 2

1. d) 50.000 euros.

2. b) Trimestralmente.

3. a) En los contratos de obras.

4. d) 5 años.

5. a) Será libre, no requiriendo identificación previa.

6. d) Por la identidad del adjudicatario.

7. b) Cinco mil euros.

8. c) Suspender la ejecución del contrato.

9. c) Que tengan la nacionalidad española.

10. b) 500.000 euros.

11. d) Real Decreto del Consejo de Ministros.

12. d) Para los contratos de servicios no será exigible la clasificación del empresario.

13. d) Indefinida, en tanto se mantengan por el empresario las condiciones y circunstancias en que se basó su concesión.

14. b) Cada tres años.

15. a) Anualmente.

TEST N.º 3

Preparación de los contratos de las Administraciones públicas: expediente de contratación, pliego de cláusulas administrativas particulares y de prescripciones técnicas. Adjudicación de los contratos de las Administraciones públicas: normas generales y procedimientos de adjudicación

1. En relación con el expediente de contratación, NO es cierto que:

a) El expediente deba referirse a la totalidad del objeto del contrato.

b) En todo caso, se han de incorporar al expediente el pliego de cláusulas administrativas particulares y el de prescripciones generales.

c) Debe incorporarse al expediente el certificado de existencia de crédito.

d) El expediente se iniciará por el órgano de contratación, que ha de motivar la necesidad del contrato.

2. ¿En qué tipo de contratos se ha de justificar adecuadamente en el expediente el informe de insuficiencia de medios?

a) En los contratos de servicios.

b) En los contratos de suministros.

c) En los contratos de concesión de obras.

d) En los contratos de obras.

3. En relación con la resolución de aprobación del expediente de contratación, NO es cierto que:

a) Será una resolución motivada dictada por el órgano de contratación.

b) En ella se dispone la apertura del procedimiento de ejecución.

c) Generalmente, implicará la aprobación del gasto.

d) Debe ser objeto de publicación en el perfil de contratante.

4. Las prescripciones técnicas de los contratos:

a) Proporcionarán a los empresarios acceso en condiciones de igualdad al procedimiento de contratación.

b) Tienen por efecto la creación de obstáculos, justificados o no, a la apertura de la contratación pública a la competencia.

c) Son especificaciones de cumplimiento voluntario aprobadas por organismos de normalización.

d) Son documentos elaborados por los organismos europeos de normalización, distintos de las normas europeas, con arreglo a procedimientos adaptados a la evolución de las necesidades del mercado.

5. En relación con las consultas preliminares del mercado para la preparación del contrato, es cierto que:

a) De las consultas realizadas se ha de intentar obtener un objeto contractual tan concreto y delimitado que únicamente se ajuste a las características técnicas de uno de los consultados.

b) Las consultas realizadas podrán comportar ventajas respecto de la adjudicación del contrato para las empresas participantes en aquellas.

c) Durante el proceso de consultas, el órgano de contratación podrá revelar a los participantes en el mismo las soluciones propuestas por los otros participantes.

d) Con carácter general, el órgano de contratación al elaborar los pliegos deberá tener en cuenta los resultados de las consultas realizadas.

6. Completado el expediente de contratación el órgano de contratación dictará resolución aprobando el expediente. No es cierto que:

a) Dicha resolución tenga que ser motivada.

b) En dicha resolución se tenga que disponer la apertura del procedimiento de adjudicación.

c) La resolución deba ser objeto de publicación en el perfil de contratante.

d) Dicha resolución implique, en todo caso, la aprobación del gasto.

7. En los contratos menores de más de 5.000 euros, la tramitación del expediente exigirá la emisión de un informe del órgano de contratación justificando de manera motivada la necesidad del contrato y que no se está alterando su objeto con el fin de evitar la aplicación de los umbrales de este tipo de contratos. Asimismo, se requerirá la aprobación del gasto y la incorporación al mismo de la factura correspondiente. ¿En qué contrato menor deberá añadirse, además, el presupuesto?

a) En el de obras.

b) En el de suministros.

c) En el de servicios.

d) En el de concesión de servicios.

8. El artículo 127 de la Ley de Contratos del Sector Público, define como "cualquier documento, certificado o acreditación que confirme que las obras, productos, servicios, procesos o procedimientos de que se trate cumplen determinados requisitos" a:

a) La prescripción técnica.
b) La etiqueta.
c) La clasificación.
d) El expediente de contratación.

9. No se adjudicarán mediante subasta electrónica:

a) Los contratos tramitados por procedimientos abiertos.
b) Los contratos tramitados por procedimientos restringidos.
c) Aquellos contratos en que la adjudicación se base únicamente en los precios.
d) Los contratos cuyo objeto tenga relación con la calidad alimentaria.

10. Señalar la opción incorrecta. Podrá establecerse la preferencia en la adjudicación de contratos, en igualdad de condiciones con las que sean económicamente más ventajosas, por:

a) Empresas que tengan en su plantilla un número de trabajadores con discapacidad superior a un porcentaje concreto.
b) Empresas de inserción.
c) Entidades reconocidas como Organizaciones de Comercio Justo.
d) Empresas de implantación nacional.

11. En procedimientos abiertos de adjudicación de contratos sujetos a regulación armonizada, el plazo de presentación de proposiciones no será inferior, para los contratos de obras, suministros y servicios:

a) A 20 días.
b) A 25 días.
c) A 30 días.
d) A 35 días.

12. En los casos de tramitación urgente de los expedientes correspondientes a los contratos cuya celebración responda a una necesidad inaplazable o cuya adjudicación sea preciso acelerar por razones de interés público, una vez formalizados, el plazo de inicio de la ejecución del contrato no podrá ser superior a:

a) 15 días hábiles.
b) 20 días naturales.
c) 1 mes.
d) 2 meses.

13. Cuando la Administración tenga que actuar de manera inmediata a causa de acontecimientos catastróficos, de situaciones que supongan grave peligro o de necesidades que afecten a la defensa nacional:

a) El órgano de contratación, sin obligación de tramitar expediente administrativo, podrá ordenar la ejecución de lo necesario para remediar el acontecimiento producido o satisfacer la necesidad sobrevenida, o contratar libremente su objeto, en todo o en parte, sin sujetarse a los requisitos formales establecidos en la Ley de Contratos del Sector Público, incluso el de la existencia de crédito suficiente.

b) El órgano de contratación, podrá ordenar la ejecución de lo necesario para remediar el acontecimiento producido o satisfacer la necesidad sobrevenida, o contratar libremente su objeto, en todo o en parte, una vez tramite el correspondiente expediente administrativo.

c) El órgano de contratación, sin obligación de tramitar expediente administrativo, ordenará la ejecución de lo necesario para remediar el acontecimiento producido o satisfacer la necesidad sobrevenida, o contratar libremente su objeto, en todo o en parte, con sujeción a los requisitos formales establecidos en la Ley de Contratos del Sector Público.

d) El órgano de contratación, sin obligación de tramitar expediente administrativo, podrá ordenar la ejecución de lo necesario para remediar el acontecimiento producido o satisfacer la necesidad sobrevenida, o contratar libremente su objeto, en todo o en parte, sin sujetarse a los requisitos formales establecidos en la Ley de Contratos del Sector Público, salvo el de la existencia de crédito suficiente.

14. En el caso de contratos tramitados a causa de emergencia, celebrados por la Administración General del Estado, sus Organismos autónomos, entidades gestoras y servicios comunes de la Seguridad Social o demás entidades públicas estatales, se dará cuenta de los acuerdos al Consejo de Ministros en el plazo máximo de:

a) 15 días.
b) 20 días.
c) 30 días.
d) 60 días.

15. Salvo que los pliegos o el contrato establezcan un plazo mayor, el contratista deberá respetar el carácter confidencial de aquella información a la que tenga acceso con ocasión de la ejecución del contrato a la que se le hubiese dado el referido carácter en los pliegos o en el contrato, o que por su propia naturaleza deba ser tratada como tal, durante un plazo desde el conocimiento de esa información de:

a) 3 años.
b) 5 años.
c) 7 años.
d) 10 años.

En MADTEST tienes **más preguntas de este tema**, y todos tus avances quedan registrados y se reflejan en el ranking.

¡Supera tus límites con MADTEST!

Solución al test n.º 3

1. b) En todo caso, se han de incorporar al expediente el pliego de cláusulas administrativas particulares y el de prescripciones generales.

2. a) En los contratos de servicios.

3. b) En ella se dispone la apertura del procedimiento de ejecución.

4. a) Proporcionarán a los empresarios acceso en condiciones de igualdad al procedimiento de contratación.

5. d) Con carácter general, el órgano de contratación al elaborar los pliegos deberá tener en cuenta los resultados de las consultas realizadas.

6. d) Dicha resolución implique, en todo caso, la aprobación del gasto.

7. a) En el de obras.

8. b) La etiqueta.

9. d) Los contratos cuyo objeto tenga relación con la calidad alimentaria.

10. d) Empresas de implantación nacional.

11. d) A 35 días.

12. c) 1 mes.

13. a) El órgano de contratación, sin obligación de tramitar expediente administrativo, podrá ordenar la ejecución de lo necesario para remediar el acontecimiento producido o satisfacer la necesidad sobrevenida, o contratar libremente su objeto, en todo o en parte, sin sujetarse a los requisitos formales establecidos en la Ley de Contratos del Sector Público, incluso el de la existencia de crédito suficiente.

14. c) 30 días.

15. b) 5 años.

TEST N.º 4

La potestad sancionadora de la Administración Pública. Concepto y principios. El procedimiento sancionador. Especial referencia a la potestad sancionadora Local

1. La regulación de los principios de la potestad sancionadora se lleva a cabo en:

a) La Ley de Procedimiento Administrativo Común de las Administraciones Públicas.
b) El Reglamento del procedimiento para el ejercicio de la potestad sancionadora.
c) La Ley de Régimen Jurídico del Sector Público.
d) La Ley de Régimen Jurídico de las Administraciones Públicas y del Procedimiento Administrativo Común.

2. Las disposiciones sancionadoras tendrán efectos retroactivos:

a) Excepto de las sanciones pendientes de cumplimiento al entrar en vigor la nueva disposición.
b) En ningún caso.
c) Siempre.
d) Cuando beneficien al infractor.

3. Las vulneraciones del ordenamiento jurídico constituirán infracción:

a) Cuando así lo establezca expresamente el reglamento sancionador de que se trate.
b) Cuando aparezcan previstas como tal en una Ley, únicamente.
c) Cuando sean susceptible de ser sancionadas.
d) Cuando vengan así determinadas en una norma analógicamente aplicable.

4. La comisión de una infracción administrativa determinará:

a) El pago de la sanción correspondiente.
b) La exigencia al infractor para que reponga la situación a su estado originario anterior y el pago de los daños y perjuicios causados.

c) O el pago de la sanción o la reparación de los daños, en aplicación del principio "no bis in ídem".

d) Tanto el pago de la sanción como la reparación de los daños a que hubiera lugar a consecuencia del hecho infractor.

5. Las sanciones administrativas:

a) Podrán consistir en el cumplimiento de la pena de arresto domiciliario, como la más grave manifestación de las mismas.

b) Deberán ser más gravosas para el infractor que el beneficio obtenido con su comisión.

c) Se impondrán tantas como infracciones sean las cometidas, aunque para cometer una se hayan tenidos que cometer otras.

d) Serán siempre pecuniarias.

6. Si la norma jurídica que establezca una sanción administrativa no fija un plazo específico, las leves prescribirán:

a) A los dos años.

b) A los seis meses.

c) Al año.

d) A los tres meses.

7. El silencio administrativo en los procedimientos sancionadores determinará:

a) La caducidad del mismo.

b) La firmeza de la sanción impuesta.

c) La iniciación del procedimiento de apremio para el cobro de la sanción.

d) La imposibilidad del infractor de interponer recurso contencioso administrativo.

8. Las propuestas de resolución en los procedimientos de carácter sancionador, así como los actos que resuelvan procedimientos de carácter sancionador o de responsabilidad patrimonial:

a) Presumirán la existencia de responsabilidad mientras no se demuestre lo contrario.

b) No exigen motivación cuando existan pruebas de la culpabilidad del infractor.

c) Deberán contar con una sucinta relación de hechos y fundamentos de derecho que motiven la resolución.

d) Sólo serán notificadas al interesado cuando este lo exija.

9. Para que sean aplicables reducciones sobre el importe de la sanción propuesta:

a) El infractor debe renunciar a interponer recurso contencioso administrativo.

b) Se exige que conste la renuncia a las acciones administrativas o judiciales que pudieran corresponder al infractor.

c) Debe condicionarse al desistimiento o renuncia de cualquier acción o recurso en vía administrativa.

d) Se deberá dictar resolución expresa de conformidad.

10. En los procedimientos de carácter sancionador, la propuesta de resolución:

a) Se dictará en todo caso.

b) No se dictará, salvo que el órgano encargado de resolver sea el mismo que hizo la instrucción.

c) Se dictará, pudiendo no hacerse cuando proceda el archivo de las actuaciones por inexistencia de infracción o por prescripción.

d) No se dictará en ningún caso.

11. Según el art. 63 de la LPACAP, ¿cómo deben iniciarse siempre los procedimientos de naturaleza sancionadora?

a) A instancia de parte mediante denuncia del interesado.

b) Siempre de oficio por acuerdo del órgano competente.

c) Por orden superior del instructor del procedimiento.

d) Mediante resolución firme de la fase sancionadora.

12. ¿Qué establece la ley respecto a la persistencia continuada de infracciones sin que haya recaído una primera resolución sancionadora ejecutiva?

a) Se deben iniciar tantos procedimientos como infracciones se detecten.

b) El instructor podrá acumular todas las sanciones en un solo acuerdo de inicio.

c) No se podrán iniciar nuevos procedimientos sancionadores por esos mismos hechos.

d) Se procederá a la suspensión inmediata de la actividad del infractor.

13. ¿En qué caso pueden los entes locales establecer tipos de infracciones e imponer sanciones en sus ordenanzas?

a) Siempre que exista una ley estatal que lo prohíba expresamente.

b) En defecto de normativa sectorial específica.

c) Únicamente cuando afecte a la Ley de Protección de la Seguridad Ciudadana.

d) Solo si la sanción económica supera los 3.000 euros.

14. Según la clasificación de infracciones, ¿cuál de estas conductas se considera "muy grave"?

a) La perturbación leve de la salubridad u ornato públicos.

b) El impedimento del uso de un servicio público por otra u otras personas con derecho a su utilización.

c) Cualquier daño derivado de alteraciones de la seguridad ciudadana.
d) La obstrucción momentánea de un espacio de uso privado.

15. Salvo previsión legal distinta, ¿cuál es el límite máximo de una multa por una infracción calificada como "grave" en una Ordenanza local?

a) Hasta 3.000 euros.
b) Hasta 750 euros.
c) Hasta 1.500 euros.
d) No existe límite legal para las infracciones graves.

En MADTEST tienes **más preguntas de este tema**, y todos tus avances quedan registrados y se reflejan en el ranking.

¡Supera tus límites con MADTEST!

Solución al test n.º 4

1. c) La Ley de Régimen Jurídico del Sector Público.

2. d) Cuando beneficien al infractor.

3. b) Cuando aparezcan previstas como tal en una Ley, únicamente.

4. d) Tanto el pago de la sanción como la reparación de los daños a que hubiera lugar a consecuencia del hecho infractor.

5. b) Deberán ser más gravosas para el infractor que el beneficio obtenido con su comisión.

6. c) Al año.

7. a) La caducidad del mismo.

8. c) Deberán contar con una sucinta relación de hechos y fundamentos de derecho que motiven la resolución.

9. c) Debe condicionarse al desistimiento o renuncia de cualquier acción o recurso en vía administrativa.

10. c) Se dictará, pudiendo no hacerse cuando proceda el archivo de las actuaciones por inexistencia de infracción o por prescripción.

11. b) Siempre de oficio por acuerdo del órgano competente.

12. c) No se podrán iniciar nuevos procedimientos sancionadores por esos mismos hechos.

13. b) En defecto de normativa sectorial específica.

14. b) El impedimento del uso de un servicio público por otra u otras personas con derecho a su utilización.

15. c) Hasta 1.500 euros.

TEST N.º 5

**La responsabilidad de la Administración pública: caracteres.
Los presupuestos de la responsabilidad. Daños resarcibles.
La acción de responsabilidad. Especialidades del procedimiento
administrativo en materia de responsabilidad.
La responsabilidad patrimonial de las autoridades y
personal al servicio de las Administraciones públicas**

1. ¿Qué artículo de la Carta Magna dispone que «nadie podrá ser privado de sus bienes y derechos sino por causa justificada de utilidad pública o interés social, mediante la correspondiente indemnización y de conformidad con lo dispuesto por las Leyes»?

a) El artículo 19.3.
b) El artículo 30.1.
c) El artículo 33.3.
d) El artículo 47.1.

2. ¿A quién corresponde fijar el importe de las indemnizaciones que proceda abonar cuando el Tribunal Constitucional haya declarado, a instancia de parte interesada, la existencia de un funcionamiento anormal en la tramitación de los recursos de amparo o de las cuestiones de inconstitucionalidad?

a) Al Presidente del Gobierno.
b) Al Consejo de Estado.
c) Al Consejo de Ministros.
d) A la persona titular del Ministerio de Hacienda y Función Pública.

3. En el procedimiento para la exigencia de la responsabilidad patrimonial de las autoridades y personal al servicio de las Administraciones Públicas se establecerá un plazo para la práctica de las pruebas admitidas y cualesquiera otras que el órgano competente estime oportunas, de:

a) Siete días.
b) Diez días.
c) Quince días.
d) Veinte días.

4. Señala la respuesta incorrecta:

a) Solo serán indemnizables las lesiones producidas al particular provenientes de daños que este no tenga el deber jurídico de soportar de acuerdo con la Ley.

b) La exigencia de responsabilidad penal del personal al servicio de las Administraciones Públicas no suspenderá los procedimientos de reconocimiento de responsabilidad patrimonial que se instruyan, salvo que la determinación de los hechos en el orden jurisdiccional penal sea necesaria para la fijación de la responsabilidad patrimonial.

c) No son indemnizables los daños que se deriven de hechos o circunstancias que no se hubiesen podido prever o evitar según el estado de los conocimientos de la ciencia o de la técnica existentes en el momento de producción de aquellos, sin perjuicio de las prestaciones asistenciales o económicas que las leyes puedan establecer para estos casos.

d) El artículo 24.1 LPACAP señala que el silencio tendrá efecto estimatorio en los procedimientos de responsabilidad patrimonial de las Administraciones Públicas.

5. A tenor del artículo 67 LPACAP, los interesados solo podrán solicitar el inicio de un procedimiento de responsabilidad patrimonial, cuando no haya prescrito su derecho a reclamar. ¿Cuándo prescribirá el derecho a reclamar?

a) Al mes de producido el hecho o el acto que motive la indemnización o se manifieste su efecto lesivo.

b) A los tres meses de producido el hecho o el acto que motive la indemnización o se manifieste su efecto lesivo.

c) Al año de producido el hecho o el acto que motive la indemnización o se manifieste su efecto lesivo.

d) A los dos años de producido el hecho o el acto que motive la indemnización o se manifieste su efecto lesivo.

6. ¿Cuándo empezará a computarse el plazo de prescripción del derecho a reclamar en caso de daños de carácter físico o psíquico a las personas?

a) Desde la curación o la determinación del alcance de las secuelas.

b) Desde el día siguiente a la curación o la determinación del alcance de las secuelas.

c) Desde el día en que se produjeron los daños físicos o psíquicos.

d) Al mes de la curación o la determinación del alcance de las secuelas.

7. Según dispone expresamente el artículo 81 LPACAP (sobre los informes y dictámenes en los procedimientos de responsabilidad patrimonial), en el caso de los procedimientos de responsabilidad patrimonial será preceptivo solicitar informe al servicio cuyo funcionamiento haya ocasionado la presunta lesión indemnizable, no pudiendo exceder el plazo de su emisión de:

a) Un mes.

b) Veinte días.

c) Quince días.

d) Diez días.

8. Será preceptivo solicitar dictamen del Consejo de Estado o, en su caso, del órgano consultivo de la Comunidad Autónoma, cuando las indemnizaciones reclamadas sean de cuantía igual o superior a:

a) 12.000 euros o a la que se establezca en la correspondiente legislación autonómica.
b) 30.000 euros o a la que se establezca en la correspondiente legislación autonómica.
c) 35.000 euros o a la que se establezca en la correspondiente legislación autonómica.
d) 50.000 euros o a la que se establezca en la correspondiente legislación autonómica.

9. En el caso de reclamaciones en materia de responsabilidad patrimonial del Estado por el funcionamiento anormal de la Administración de Justicia, será preceptivo el informe de:

a) El Consejo de Ministros.
b) El Consejo General del Poder Judicial.
c) El Ministerio de Hacienda y Función Pública.
d) El Ministerio de Justicia.

10. Respecto a la pregunta anterior, ¿en qué plazo máximo habrá de ser emitido dicho informe por el órgano establecido al efecto?

a) Veinte días.
b) Un mes.
c) Dos meses.
d) Tres meses.

11. ¿Transcurrido cuánto tiempo desde que se inició el procedimiento sin que haya recaído y se notifique resolución expresa o, en su caso, se haya formalizado el acuerdo, podrá entenderse que la resolución es contraria a la indemnización del particular?

a) Transcurrido un mes.
b) Transcurridos dos meses.
c) Transcurridos tres meses.
d) Transcurridos seis meses.

12. Los particulares tendrán derecho a ser indemnizados por las Administraciones Públicas correspondientes, de toda lesión que sufran en cualquiera de sus bienes y derechos, siempre que la lesión sea consecuencia del funcionamiento normal o anormal de los servicios públicos salvo en los casos de fuerza mayor o de daños que el particular tenga el deber jurídico de soportar de acuerdo con la Ley. En todo caso, el daño alegado habrá de ser:

a) Individualizado con relación a una persona o grupo de personas.
b) Efectivo.
c) Evaluable económicamente.
d) Todas las respuestas son correctas.

13. ¿En qué artículo de la Carta Magna se consagra el principio de la responsabilidad de los poderes públicos?

a) En el art. 9.1.
b) En el art. 9.3.
c) En el art. 11.1.
d) En el art. 25.1.

14. El procedimiento para la exigencia de la responsabilidad se sustanciará conforme a lo dispuesto en la Ley de Procedimiento Administrativo Común de las Administraciones Públicas y se iniciará por acuerdo del órgano competente que se notificará a los interesados y que constará, con un plazo de alegaciones de:

a) Siete días.
b) Diez días.
c) Quince días.
d) Veinte días.

15. ¿Qué plazo hay establecido para la audiencia en el procedimiento para la exigencia de la responsabilidad patrimonial de las autoridades y personal al servicio de las Administraciones Públicas?

a) Siete días.
b) Diez días.
c) Quince días.
d) Veinte días.

En MADTEST tienes **más preguntas de este tema**, y todos tus avances quedan registrados y se reflejan en el ranking.

¡Supera tus límites con MADTEST!

Solución al test n.º 5

1. c) El artículo 33.3.

2. c) Al Consejo de Ministros.

3. c) Quince días.

4. d) El artículo 24.1 LPACAP señala que el silencio tendrá efecto estimatorio en los procedimientos de responsabilidad patrimonial de las Administraciones Públicas.

5. c) Al año de producido el hecho o el acto que motive la indemnización o se manifieste su efecto lesivo.

6. a) Desde la curación o la determinación del alcance de las secuelas.

7. d) Diez días.

8. d) 50.000 euros o a la que se establezca en la correspondiente legislación autonómica.

9. b) El Consejo General del Poder Judicial.

10. c) Dos meses.

11. d) Transcurridos seis meses.

12. d) Todas las respuestas son correctas.

13. b) En el art. 9.3.

14. c) Quince días.

15. b) Diez días.

TEST N.º 6

**Personal al servicio de las administraciones locales:
clases y régimen jurídico. Funcionarios públicos: clases.
Adquisición y pérdida de la condición de funcionario.
Situciones administrativas. Derechos de los empleados púbicos.
Régimen disciplinario**

1. El derecho de los ciudadanos a acceder en condiciones de igualdad a las funciones públicas se reconoce en:

a) Artículo 14 CE.
b) Artículo 103 CE.
c) Artículo 23.2 CE.
d) Artículo 149.1.18 CE.

2. La competencia para establecer las bases del régimen estatutario de los funcionarios públicos corresponde:

a) Al Estado.
b) A las Comunidades Autónomas.
c) A las Entidades Locales.
d) A las Diputaciones Provinciales.

3. El Texto Refundido del Estatuto Básico del Empleado Público fue aprobado mediante:

a) Ley Orgánica 5/2015.
b) Real Decreto Legislativo 5/2015.
c) Ley 40/2015.
d) Ley 7/1985.

4. Según el EBEP, son empleados públicos quienes:

a) Ejercen funciones administrativas en el sector público.
b) Prestan servicios en entidades del sector público.

c) Desempeñan tareas administrativas permanentes.

d) Desempeñan funciones retribuidas en las Administraciones Públicas al servicio de los intereses generales.

5. En el ámbito del empleo público local, la determinación de los puestos de trabajo existentes en una entidad local, con indicación de sus características esenciales, requisitos para su desempeño y sistema de provisión, se realiza mediante:

a) La plantilla presupuestaria de personal.

b) La oferta de empleo público.

c) La relación de puestos de trabajo.

d) El catálogo de puestos de trabajo.

6. Según el EBEP, los empleados públicos se clasifican en:

a) Funcionarios de carrera, funcionarios interinos, personal laboral y personal eventual.

b) Funcionarios y personal laboral.

c) Funcionarios de carrera, laborales y directivos.

d) Funcionarios, laborales y eventuales.

7. La normativa básica estatal en materia de función pública se dicta al amparo del artículo:

a) 148.1 CE.

b) 149.1.18 CE.

c) 150.2 CE.

d) 103 CE.

8. Según la Ley Reguladora de las Bases del Régimen Local, el personal al servicio de las Entidades Locales está integrado por:

a) Funcionarios de carrera y laborales.

b) Funcionarios de carrera, laborales y directivos.

c) Funcionarios, laborales e interinos.

d) Funcionarios de carrera, personal laboral y personal eventual.

9. Las funciones de fe pública en las Entidades Locales corresponden a:

a) Funcionarios del grupo A1.

b) Funcionarios con habilitación de carácter nacional.

c) Funcionarios interinos.

d) Personal eventual especializado.

10. Las funciones que impliquen ejercicio de autoridad administrativa están reservadas a:

a) Personal laboral fijo.

b) Personal eventual.

c) Funcionarios públicos.

d) Personal directivo.

11. La previsión del artículo 9.2 del Estatuto Básico del Empleado Público relativa a la reserva de funciones públicas implica que:

a) Las funciones que comporten ejercicio de potestades públicas o salvaguardia de intereses generales deben atribuirse a funcionarios públicos.
b) Los funcionarios de carrera tienen preferencia sobre el personal laboral en la provisión de puestos de trabajo.
c) Las funciones administrativas ordinarias deben desempeñarse preferentemente por funcionarios.
d) Las funciones técnicas especializadas corresponden exclusivamente a personal funcionario.

12. En el ámbito de las Entidades Locales, la aprobación de la plantilla de personal se configura jurídicamente como:

a) Un acto de ejecución presupuestaria de competencia estatal.
b) Una manifestación del control financiero interno.
c) Un acto de desarrollo de la legislación autonómica de función pública.
d) Una manifestación de la potestad de autoorganización de la Entidad Local vinculada a su presupuesto.

13. La relación jurídica de los funcionarios con la Administración tiene naturaleza:

a) Contractual.
b) Civil.
c) Estatutaria.
d) Mercantil.

14. El personal laboral se vincula con la Administración mediante:

a) Nombramiento administrativo.
b) Contrato de trabajo formalizado por escrito.
c) Resolución administrativa.
d) Decreto de la alcaldía.

15. Según el EBEP, el personal laboral puede ser:

a) Fijo, por tiempo indefinido o temporal.
b) Fijo o temporal.
c) Fijo o interino.
d) Temporal o eventual.

En MADTEST tienes **más preguntas de este tema**, y todos tus avances quedan registrados y se reflejan en el ranking.

¡Supera tus límites con MADTEST!

Solución al test n.º 6

1. c) Artículo 23.2 CE.

2. a) Al Estado.

3. b) Real Decreto Legislativo 5/2015.

4. d) Desempeñan funciones retribuidas en las Administraciones Públicas al servicio de los intereses generales.

5. c) La relación de puestos de trabajo.

6. a) Funcionarios de carrera, funcionarios interinos, personal laboral y personal eventual.

7. b) 149.1.18 CE.

8. d) Funcionarios de carrera, personal laboral y personal eventual.

9. b) Funcionarios con habilitación de carácter nacional.

10. c) Funcionarios públicos.

11. a) Las funciones que comporten ejercicio de potestades públicas o salvaguardia de intereses generales deben atribuirse a funcionarios públicos.

12. d) Una manifestación de la potestad de autoorganización de la Entidad Local vinculada a su presupuesto.

13. c) Estatutaria.

14. b) Contrato de trabajo formalizado por escrito.

15. a) Fijo, por tiempo indefinido o temporal.

TEST N.º 7

Ley General Tributaria: El ingreso público. Concepto. Clasificación de los ingresos públicos. Ingresos tributarios. Concepto y clases. El impuesto. El Hecho Imponible: estructura, naturaleza y extensión. El Sujeto Pasivo: concepto, responsables y sustitutos. Las Tasas. Las Contribuciones Especiales. Los Precios Públicos

1. ¿Qué principio tributario dispone que las leyes y los reglamentos que modifiquen normas tributarias contendrán una relación completa de las normas derogadas y la nueva redacción de las que resulten modificadas?

a) El principio de seguridad jurídica.
b) El principio de generalidad.
c) El principio de legalidad.
d) El principio de ejecutividad de las liquidaciones tributarias.

2. ¿Cómo se denominan los tributos exigidos sin contraprestación cuyo hecho imponible está constituido por negocios, actos o hechos que ponen de manifiesto la capacidad económica del contribuyente?

a) Impuestos.
b) Tasas.
c) Contribuciones especiales.
d) Ninguna respuesta es correcta.

3. ¿Cómo se denominan los tributos cuyo imponible consiste en la obtención por el obligado tributario de un beneficio o de un aumento de valor de sus bienes como consecuencia de la realización de obras públicas o del establecimiento o ampliación de servicios públicos?

a) Impuestos.
b) Tasas.
c) Contribuciones especiales.
d) Ninguna respuesta es correcta.

4. De acuerdo con lo dispuesto en el artículo 7 de la LGT, los tributos se regirán:

a) Por la Constitución.

b) Por los tratados o convenios internacionales que contengan cláusulas de naturaleza tributaria y, en particular, por los convenios para evitar la doble imposición, en los términos previstos en el artículo 96 de la Constitución.

c) Por las normas que dicte la Unión Europea y otros organismos internacionales o supranacionales a los que se atribuya el ejercicio de competencias en materia tributaria de conformidad con el artículo 93 de la Constitución.

d) Todas las respuestas anteriores son correctas.

5. De conformidad con el artículo 142 de la Constitución Española:

a) Las Haciendas Locales deberán disponer de los medios suficientes para el desempeño de las funciones que la ley atribuye a las Corporaciones respectivas.

b) Las Haciendas Locales deberán disponer de los medios necesarios para el desempeño de las funciones que la ley atribuye a las Corporaciones respectivas.

c) Las Haciendas Locales deberán disponer de los medios suficientes para el desempeño de las necesidades que la ley atribuye a las Corporaciones respectivas.

d) Las Haciendas Locales deberán disponer de los medios suficientes para el desempeño de las actividades que la ley atribuye a las Corporaciones respectivas.

6. Según la Ley de Bases de Régimen Local:

a) Las Haciendas Locales se nutren, además de tributos propios y de las participaciones reconocidas en los del Estado y en los de las Comunidades Autónomas, de aquellos otros recursos que prevé la ley.

b) Las Haciendas Locales se nutren, además de tributos propios, de las participaciones reconocidas en los del Estado y en los de las Comunidades Autónomas.

c) Las Haciendas Locales se nutren, además de tributos propios, de las participaciones reconocidas en los del Estado.

d) Las Haciendas Locales se nutren, además de tributos propios, de las participaciones reconocidas en los de las Comunidades Autónomas.

7. Solo podrán establecerse prestaciones personales o patrimoniales de carácter público:

a) Con arreglo a la ley.

b) Con arreglo a la norma.

c) Con arreglo a los reglamentos.

d) Con arreglo a los Reales Decretos.

8. ¿Tienen las Entidades Locales potestad tributaria?

a) Sí, de carácter secundario.

b) Sí, de carácter primario.

c) No.

d) Solo la tiene el Estado.

9. La potestad reglamentaria de las Entidades Locales en materia tributaria se ejercerá a través de:

a) Ordenanzas Generales de Gestión, Recaudación e Inspección.
b) Ordenanzas Fiscales reguladoras de sus propios tributos.
c) Las respuestas anteriores son correctas.
d) Ordenanzas Fiscales reguladoras de las tasas.

10. La Hacienda de las Entidades Locales estará constituida por los siguientes recursos:

a) Las subvenciones.
b) El producto de las operaciones de crédito.
c) El producto de las multas y sanciones.
d) Todas las respuestas son verdaderas.

11. ¿Qué ingresos tienen la consideración de derecho privado?

a) Las adquisiciones a título de herencia, legado o donación.
b) Los rendimientos o productos de cualquier naturaleza derivados del patrimonio.
c) Las adquisiciones mediante contratos.
d) Las respuestas a) y b) son correctas.

12. Tendrán la consideración de tasas las prestaciones patrimoniales que establezcan las Entidades locales por:

a) El coste de las obras.
b) La utilización privativa o el aprovechamiento especial del dominio público local.
c) Las actividades administrativas de toda clase.
d) Ninguna respuesta es correcta.

13. El importe de las contribuciones especiales no podrá exceder de:

a) 50 por 100 del coste de la obra que el Municipio soporte.
b) 90 por 100 del coste de la obra que el Municipio soporte.
c) 70 por 100 del coste de la obra que el Municipio soporte.
d) 80 por 100 del coste de la obra que el Municipio soporte.

14. Los Ayuntamientos podrán establecer y exigir el siguiente impuesto:

a) Impuesto sobre Bienes Inmuebles.
b) Impuesto sobre Vehículos de Tracción Mecánica.
c) Impuesto sobre el Incremento de Valor de los Terrenos de Naturaleza Urbana.
d) Impuesto sobre Actividades Económicas.

15. Las Entidades Locales podrán percibir subvenciones de toda índole con destino a sus obras y servicios:

a) Que no podrán ser aplicadas a atenciones distintas de aquellas para las que fueron otorgadas, salvo, en su caso, los sobrantes no reintegrables cuya utilización no estuviese prevista en la concesión.

b) Que no podrán ser aplicadas a atenciones distintas de aquellas para las que fueron otorgadas.

c) Que podrán ser aplicadas a atenciones distintas de aquellas para las que fueron otorgadas.

d) Que podrán ser aplicadas a atenciones distintas de aquellas para las que fueron otorgadas salvo, en su caso, los sobrantes no reintegrables.

En MADTEST tienes **más preguntas de este tema**, y todos tus avances quedan registrados y se reflejan en el ranking.

¡Supera tus límites con MADTEST!

Solución al test n.º 7

1. a) El principio de seguridad jurídica.

2. a) Impuestos.

3. c) Contribuciones especiales.

4. d) Todas las respuestas anteriores son correctas.

5. a) Las Haciendas Locales deberán disponer de los medios suficientes para el desempeño de las funciones que la ley atribuye a las Corporaciones respectivas.

6. a) Las Haciendas Locales se nutren, además de tributos propios y de las participaciones reconocidas en los del Estado y en los de las Comunidades Autónomas, de aquellos otros recursos que prevé la ley.

7. a) Con arreglo a la ley.

8. a) Sí, de carácter secundario.

9. c) Las respuestas anteriores son correctas.

10. d) Todas las respuestas son verdaderas.

11. d) Las respuestas a) y b) son correctas.

12. b) La utilización privativa o el aprovechamiento especial del dominio público local.

13. b) 90 por 100 del coste de la obra que el Municipio soporte.

14. c) Impuesto sobre el Incremento de Valor de los Terrenos de Naturaleza Urbana.

15. a) Que no podrán ser aplicadas a atenciones distintas de aquellas para las que fueron otorgadas, salvo, en su caso, los sobrantes no reintegrables cuya utilización no estuviese prevista en la concesión.

TEST N.º 8

Los Presupuestos General de las Entidades Locales. Estructura, elaboración y aprobación. Bases de ejecución. Prórroga del presupuesto

1. Los Presupuestos Generales de las Entidades Locales constituyen de acuerdo con el Texto Refundido de la Ley Reguladora de las Haciendas Locales:

a) La expresión de las obligaciones que, como máximo, pueden reconocer la Entidad y sus Organismos Autónomos.

b) La expresión cifrada, conjunta y sistemática de las obligaciones que, como máximo, pueden reconocer la Entidad y sus Organismos Autónomos.

c) La expresión cifrada, general y sistemática de las obligaciones que, como máximo, pueden reconocer la Entidad y sus Organismos Autónomos.

d) La expresión contable, conjunta y sistemática de las obligaciones que, como máximo, pueden reconocer la Entidad y sus Organismos Autónomos.

2. Las Entidades Locales elaborarán y aprobarán anualmente un Presupuesto General en el que se integrarán:

a) El Presupuesto de los organismos autónomos dependientes.

b) Los estados de previsión de gastos e ingresos de las Sociedades Mercantiles cuyo capital social pertenezca íntegramente a la Entidad Local.

c) Las respuestas a) y b) son correctas.

d) El presupuesto agregado de la propia Entidad.

3. El contenido mínimo de las Bases de Ejecución del Presupuesto deberá incluir:

a) Normas que regulen el procedimiento de ejecución del Presupuesto.

b) Regulación de las transferencias de créditos.

c) Niveles de vinculación jurídica de los créditos.

d) Todas respuestas son correctas.

4. ¿Qué norma regula la estructura de los Presupuestos de las Entidades Locales?

a) Orden EHA/3565/2006, de 3 de diciembre, por la que se aprueba la estructura de los Presupuestos de las Entidades Locales de los bienes de uso privado.

b) Orden EHA/3565/2008, de 3 de diciembre, por la que se aprueba la estructura de los Presupuestos de las Entidades Locales.

c) Orden de 20 de septiembre de 1989 por la que se establece la estructura de los presupuestos de las entidades locales.

d) Orden EHA/3565/2005, de diciembre, por la que se aprueba la estructura de los presupuestos de las entidades locales.

5. Dentro de las áreas de gasto del presupuesto, se incluye en el área de gasto 2 referente a Actuaciones de protección y promoción social:

a) Seguridad y movilidad ciudadana.

b) Pensiones.

c) Cultura.

d) Agricultura, ganadería y pesca.

6. ¿En qué área de gasto se incluye la política de gasto denominada "Infraestructuras"?

a) Actuaciones de carácter económico.

b) Actuaciones de carácter general.

c) Producción de bienes públicos de carácter preferente.

d) Deuda pública.

7. ¿En qué área de gasto se incluye la política de gasto denominada "Administración financiera y tributaria"?

a) Actuaciones de carácter general.

b) Actuaciones de carácter económico.

c) Actuaciones de protección y promoción social.

d) Producción de bienes públicos de carácter preferente.

8. ¿En qué área de gasto se incluye la política de gasto denominada "Sanidad"?

a) Producción de bienes públicos de carácter preferente.

b) Actuaciones de protección y promoción social.

c) Servicios públicos básicos.

d) Actuaciones de carácter general.

9. ¿En qué área de gasto se incluye la política de gasto denominada "Fomento del empleo"?

a) Servicios públicos básicos.

b) Actuaciones de protección y promoción social.

c) Actuaciones de carácter económico.
d) Actuaciones de carácter general.

10. En relación con la Clasificación Económica de los Gastos del Presupuesto de las Entidades Locales se distingue entre:

a) Operaciones abiertas y cerradas.
b) Operaciones limitadas y no limitadas.
c) Operaciones financieras y no financieras.
d) Operaciones a préstamo y liberadas.

11. El Fondo de Contingencia tiene como fin:

a) Atender al abono de los intereses de las operaciones de crédito.
b) Hacer frente a los gastos de contratación del personal laboral.
c) Completar aquellas aplicaciones presupuestarias que necesiten ser ampliadas.
d) Atender a las necesidades imprevistas, inaplazables y no discrecionales, para las que no exista crédito presupuestario o el previsto resulte insuficiente.

12. El Fondo de Contingencia y Otros Imprevistos se ha de incluir obligatoriamente en los Presupuestos:

a) De los municipios con población superior a 5.000 habitantes.
b) De las capitales de provincia.
c) De los municipios con población superior a 15.000 habitantes.
d) De los municipios con población superior a 25.000 habitantes.

13. Respecto a la Clasificación Económica de los Gastos del Presupuesto de las Entidades Locales, dentro del capítulo 1: Gastos de personal, se encuentra el gasto siguiente:

a) Gastos de naturaleza social.
b) Cotizaciones obligatorias de las entidades locales y de sus organismos autónomos a los distintos regímenes de Seguridad Social.
c) Retribuciones fijas y variables.
d) Todas las respuestas son verdaderas.

14. En relación con la Clasificación Económica de los Ingresos del Presupuesto de las Entidades Locales:

a) Se distinguen las operaciones no financieras de las financieras, subdividiéndose las segundas en operaciones corrientes y de capital.
b) Se distinguen las operaciones no financieras de las financieras, subdividiéndose las primeras en operaciones corrientes y de capital.
c) Se distinguen las operaciones no financieras, operaciones corrientes y de capital.
d) Se distinguen las operaciones no financieras de las financieras y de capital.

15. En relación con la Clasificación Económica de los Ingresos del Presupuesto de las Entidades Locales no forman parte de las operaciones corrientes:

a) Impuestos directos.
b) Transferencias de capital.
c) Tasas, precios públicos y otros ingresos.
d) Ingresos patrimoniales.

En MADTEST tienes **más preguntas de este tema**, y todos tus avances quedan registrados y se reflejan en el ranking.

¡Supera tus límites con MADTEST!

Solución al test n.º 8

1. b) La expresión cifrada, conjunta y sistemática de las obligaciones que, como máximo, pueden reconocer la Entidad y sus Organismos Autónomos.

2. c) Las respuestas a) y b) son correctas.

3. d) Todas respuestas son correctas.

4. b) Orden EHA/3565/2008, de 3 de diciembre, por la que se aprueba la estructura de los Presupuestos de las Entidades Locales.

5. b) Pensiones.

6. a) Actuaciones de carácter económico.

7. a) Actuaciones de carácter general.

8. a) Producción de bienes públicos de carácter preferente.

9. b) Actuaciones de protección y promoción social.

10. c) Operaciones financieras y no financieras.

11. d) Atender a las necesidades imprevistas, inaplazables y no discrecionales, para las que no exista crédito presupuestario o el previsto resulte insuficiente.

12. b) De las capitales de provincia.

13. d) Todas las respuestas son verdaderas.

14. b) Se distinguen las operaciones no financieras de las financieras, subdividiéndose las primeras en operaciones corrientes y de capital.

15. b) Transferencias de capital.

TEST N.º 9

**El Gasto Público Régimén jurídico.
Principios jurídicos del gasto público.
Fases de ejecución del gasto público**

1. En relación con el gasto público local:

a) Consiste en la transformación de los ingresos de las Entidades Locales en rentas y patrimonios de otras personas.
b) Se produce una traslación del sector público al privado.
c) Se produce una traslación de signo contrario al ingreso público.
d) Todas las respuestas son correctas.

2. El régimen legal del gasto público se contiene en:

a) Texto Refundido de la Ley Reguladora de las Haciendas Locales, aprobado por el Real Decreto Legislativo 2/2004, de 25 de marzo y en el Real Decreto 500/1996, de 20 de abril.
b) Texto Refundido de la Ley Reguladora de las Haciendas Locales, aprobado por el Real Decreto Legislativo 2/2004, de 5 de marzo y en el Real Decreto 500/1990, de 20 de abril.
c) Texto Refundido de la Ley Reguladora de las Haciendas Locales, aprobado por el Real Decreto Legislativo 2/2014, de 5 de marzo y en el Real Decreto 500/1990, de 20 de abril.
d) Texto Refundido de la Ley Reguladora de las Haciendas Locales, aprobado por el Real Decreto Legislativo 2/2004, de 5 de marzo y en el Real Decreto 500/1995, de 20 de abril.

3. De acuerdo con el principio de especialidad de los gastos:

a) Los créditos para gastos se destinarán exclusivamente a la finalidad específica para la cual hayan sido autorizados en el Presupuesto.
b) Los créditos para gastos tienen la consideración de especiales tanto en su cuantía como en su ajuste contable.
c) Los créditos para gastos tienen la consideración de especiales y habrán de tener denominación especial.
d) Las respuestas a) y c) son correctas.

4. El hecho que los créditos para gastos tengan carácter limitativo y vinculante es una especialidad:

a) Bimodal.
b) Cualitativa.
c) Cuantitativa.
d) Presupuestaria.

5. Los acuerdos que infrinjan la norma relativa a que no podrán adquirirse compromisos de gastos por cuantía superior al importe de los créditos autorizados en los estados de gastos:

a) Podrán ser convalidados.
b) Podrán ser anulados.
c) Serán nulos de pleno derecho y sin perjuicio de las responsabilidades a que haya lugar.
d) Serán nulos de pleno derecho.

6. Solo podrán contraerse obligaciones derivadas de adquisiciones, obras, servicios y demás prestaciones o gastos en general que se realicen en el año natural del propio ejercicio presupuestario sin perjuicio de que se aplique el presupuesto vigente al pago de las siguientes obligaciones para:

a) Las respuestas b) y c) son correctas.
b). Las obligaciones derivadas de compromisos de gastos debidamente adquiridos en ejercicios anteriores.
c) Las obligaciones que resulten de la liquidación de atrasos a favor del personal que perciba sus retribuciones.
d) Las obligaciones derivadas de compromisos de gastos debidamente adquiridos.

7. ¿Solo se podrán dictar por los Tribunales providencias de embargo contra los siguientes bienes de la Hacienda Local?

a) Los bienes patrimoniales no afectados a un uso o servicio público.
b) Los bienes patrimoniales.
c) Los bienes de dominio público.
d) Los bienes destinados a un servicio público.

8. La autoridad administrativa encargada de la ejecución de las resoluciones judiciales acordará el pago en la forma y con los límites del respectivo Presupuesto, debiendo solicitar del Pleno, si fuere necesario un crédito extraordinario o un suplemento de crédito:

a) Dentro de los cuatro meses siguientes al día de notificación de la resolución judicial.
b) Dentro de los cinco meses siguientes al día de notificación de la resolución judicial.

c) Dentro de los tres meses siguientes al día de notificación de la resolución judicial.
d) Dentro de los seis meses siguientes al día de notificación de la resolución judicial.

9. Los gastos plurianuales constituyen una excepción al principio de:

a) De especialización.
b) De presupuesto cerrado.
c) De ejecución presupuestaria.
d) De especialidad temporal.

10. En relación con los gastos plurianuales:

a) La autorización o realización de los gastos de carácter plurianual se subordinará al crédito que para cada ejercicio autoricen los respectivos Presupuestos.
b) Las respuestas a) y c) son correctas.
c) Podrán adquirirse compromisos de gastos que hayan de extenderse a ejercicios posteriores a aquel en que se autoricen en los casos señalados en la ley.
d) Podrán adquirirse compromisos de gastos que hayan de extenderse a ejercicios posteriores a aquel en que se autoricen siempre que se justifiquen.

11. No podrán adquirirse compromisos de gastos que hayan de extenderse a ejercicios posteriores a aquel en que se autoricen en el caso siguiente:

a) Arrendamiento de bienes inmuebles.
b) Inversiones y transferencias de capital.
c) Cargas financieras de las deudas de la Entidad Local.
d) En todos estos supuestos se podrán adquirir compromisos de gastos.

12. En los casos de compromiso de gasto por inversiones y transferencias de capital el gasto que se impute a cada uno de los ejercicios futuros autorizados no podrá exceder de la cantidad que resulte de aplicar al crédito correspondiente del año en que la operación se comprometió los siguientes porcentajes:

a) En el ejercicio inmediato siguiente, el 80 por 100.
b) En el tercer y cuarto ejercicio, el 50 por 100.
c) En el segundo ejercicio, el 70 por 100.
d) En el ejercicio inmediato siguiente, el 60 por 100.

13. ¿Se podrán ampliar el número de anualidades de los compromisos de gasto para ejercicio futuros?

a) Sí.
b) En ningún caso.
c) Sí, en casos excepcionales, por el Pleno de la Corporación.
d) Solo por la Junta de Gobierno.

14. Los créditos para gastos que el último día del ejercicio presupuestario no estén afectados al cumplimiento de obligaciones ya reconocidas:

a) Serán nulos de pleno derecho.
b) Podrán ser anulados.
c) Quedarán anulados de pleno derecho, salvo en los supuestos previstos en la ley.
d) Ninguna respuesta es verdadera.

15. ¿A quién le corresponde ordenar la incoación del expediente de concesión de crédito extraordinario?

a) Al presidente de la Corporación en los municipios de régimen común.
b) Al presidente de la Corporación en todos los municipios.
c) A la Junta de Gobierno en los municipios de régimen común.
d) A la Junta de Gobierno en todos los municipios.

En MADTEST tienes **más preguntas de este tema**, y todos tus avances quedan registrados y se reflejan en el ranking.

¡Supera tus límites con MADTEST!

Solución al test n.º 9

1. d) Todas las respuestas son correctas.

2. b) Texto Refundido de la Ley Reguladora de las Haciendas Locales, aprobado por el Real Decreto Legislativo 2/2004, de 5 de marzo y en el Real Decreto 500/1990, de 20 de abril.

3. a) Los créditos para gastos se destinarán exclusivamente a la finalidad específica para la cual hayan sido autorizados en el Presupuesto.

4. c) Cuantitativa.

5. c) Serán nulos de pleno derecho y sin perjuicio de las responsabilidades a que haya lugar.

6. a) Las respuestas b) y c) son correctas.

7. a) Los bienes patrimoniales no afectados a un uso o servicio público.

8. c) Dentro de los tres meses siguientes al día de notificación de la resolución judicial.

9. d) De especialidad temporal.

10. b) Las respuestas a) y c) son correctas.

11. d) En todos estos supuestos se podrán adquirir compromisos de gastos.

12. b) En el tercer y cuarto ejercicio, el 50 por 100.

13. c) Sí, en casos excepcionales, por el Pleno de la Corporación.

14. c) Quedarán anulados de pleno derecho, salvo en los supuestos previstos en la ley.

15. a) Al presidente de la Corporación en los municipios de régimen común.

TEST N.º 10

Las subvenciones de las Administraciones Públicas: tipos de subvenciones. Procedimientos de concesión y gestión de las subvenciones. Reintegro de subvenciones. Control financiero. Infracciones y sanciones administrativas en materia de subvenciones

1. Según la Disposición final primera de la Ley 38/2003, de 17 de noviembre, esta ley se dicta al amparo de lo dispuesto en el artículo 149.1.13.ª, 14.ª y 18.ª de la Constitución, constituyendo legislación básica del Estado los siguientes preceptos:

a) En el título II, el capítulo I y el capítulo IV, excepto los artículos 32 y 33.
b) En el título I, los artículos 36, 37 y el apartado 1 del artículo 40.
c) En el título IV, los artículos 45 y 46.
d) En el título IV, el capítulo I y los artículos 59, 65, 67, 68 y 69 del capítulo II.

2. No tienen carácter de subvenciones los siguientes supuestos:

a) Las prestaciones reconocidas por el Fondo de Garantía Salarial.
b) Los beneficios fiscales y beneficios en la cotización a la Seguridad Social.
c) El crédito oficial, salvo en los supuestos en que la Administración pública subvenciones al prestatario la totalidad o parte de los intereses u otras contraprestaciones de la operación de crédito.
d) Todas son correctas.

3. Señala la respuesta correcta:

a) Se consideran subvenciones y ayudas públicas regladas aquellas que se destinan a una pluralidad de beneficiarios y que se otorguen por la Administración con arreglo a los principios de publicidad, libre concurrencia y objetividad.
b) Las subvenciones otorgadas en supuestos especiales o subvenciones específicas por razón de su objeto son las concedidas cuando sea posible promover la concurrencia de interesados en el procedimiento.

c) Son subvenciones nominativas las que se abonen mediante transferencia de financiación y tengan como destino la financiación de las actividades u operaciones no singularizadas de las entidades beneficiarias.

d) Son subvenciones de explotación o de capital aquellas cuyos beneficiarios figuren nominativamente en los créditos iniciales de la Ley de Presupuesto de la Comunidad Autónoma o en otra norma de rango legal.

4. La norma reguladora de las bases de concesión de las subvenciones concretará, como mínimo, los siguientes extremos:

a) Órganos competentes para la ordenación, instrucción y resolución del procedimiento de concesión de la subvención y el plazo en que será notificada la resolución.

b) Determinación, en su caso, de los libros y registros contables específicos para garantizar la adecuada justificación de la subvención.

c) Plazo y forma de justificación por parte del beneficiario o de la entidad colaboradora, en su caso, del cumplimiento de la finalidad para la que se concedió la subvención y de la aplicación de los fondos percibidos.

d) Todas son correctas.

5. Salvo en contrario en las bases reguladoras de las subvenciones, se considerará gasto realizado:

a) El que ha sido efectivamente pagado con posterioridad a la finalización del período de justificación determinado por la normativa reguladora de la subvención.

b) El que ha sido efectivamente pagado con anterioridad a la finalización del período de justificación determinado por la normativa reguladora de la subvención.

c) El que ha sido efectivamente pagado con antelación al inicio del período de justificación determinado por la normativa reguladora de la subvención.

d) El que ha no haya sido efectivamente pagado con antelación al inicio del período de justificación determinado por la normativa reguladora de la subvención.

6. Cuando el importe del gasto subvencionable supere las cuantías establecidas en la Ley de Contratos del Sector público para el contrato menor, el beneficiario deberá:

a) Solicitar como mínimo dos ofertas de diferentes proveedores, con carácter previo a la contracción del compromiso para la obra, la prestación del servicio o la entrega del bien.

b) Solicitar como mínimo tres ofertas del mismo proveedor con carácter previo a la contracción del compromiso para la obra, la prestación del servicio o la entrega del bien.

c) Solicitar como mínimo dos ofertas del mismo proveedor con carácter previo a la contracción del compromiso para la obra, la prestación del servicio o la entrega del bien.

d) Solicitar como mínimo tres ofertas de diferentes proveedores, con carácter previo a la contracción del compromiso para la obra, la prestación del servicio o la entrega del bien.

7. Serán gastos subvencionables:

a) Los intereses deudores de las cuentas bancarias.
b) Intereses, recargos y sanciones administrativas y penales.
c) Los gastos de procedimientos judiciales.
d) Ninguna es correcta.

8. Podrán concederse de forma directa las siguientes subvenciones:

a) Las previstas nominativamente en los Presupuestos Generales del Estado, de las Comunidades Autónomas o de las Entidades Locales, pudiendo otorgarse subvenciones por cuantía superior a la determinada en la convocatoria.

b) Aquellas cuyo otorgamiento o cuantía venga impuesto a la Administración por una norma de rango legal, que seguirán el procedimiento de concesión que les resulte de aplicación de acuerdo con su propia normativa, pudiendo otorgarse subvenciones por cuantía superior a la determinada en la convocatoria.

c) Con carácter excepcional, aquellas otras subvenciones en que se acrediten razones de interés público, social, económico o humanitario, u otras debidamente justificadas que dificulten su convocatoria pública.

d) En todo caso, aquellas otras subvenciones en que se acrediten razones de interés privado u otras debidamente justificadas que faciliten su convocatoria pública.

9. El procedimiento para la concesión de subvenciones:

a) Se inicia siempre de oficio y la convocatoria podrá publicarse en la Base de Datos Nacional de Subvenciones (BDNS) o en el "Boletín Oficial del Estado.

b) La convocatoria contendrá indicación de los créditos presupuestarios a los que se imputa la subvención y cuantía total mínima de las subvenciones convocadas dentro de los créditos disponibles o, en su defecto, cuantía estimada de las subvenciones.

c) La convocatoria contendrá además indicación del objeto, condiciones y finalidad de la concesión de la subvención.

d) Las solicitudes de los interesados acompañarán los documentos e informaciones determinados en la norma o convocatoria, siempre y cuando no hayan transcurrido más de tres años desde la finalización del procedimiento al que correspondan.

10. Señala la respuesta correcta:

a) La instrucción del procedimiento de concesión de subvenciones corresponde al órgano que se designe en la convocatoria.

b) Las actividades de instrucción comprenderán entre otras la petición de cuantos informes estime necesarios para resolver, siendo el plazo para su emisión de 15 días, salvo que el órgano instructor solicite su emisión en un plazo mayor, sin que en este último caso pueda exceder de tres meses.

c) El órgano instructor, a la vista del expediente y del informe del órgano colegiado, formulará la propuesta de resolución provisional, debidamente motivada, que deberá notificarse a los interesados en la forma que establezca la convocatoria, y se concederá un plazo de 20 días para presentar alegaciones.

d) La propuesta de resolución definitiva se notificará a los interesados que hayan sido propuestos como beneficiarios en la fase de instrucción, para que en el plazo de un mes comuniquen su aceptación, creando un derecho a favor del beneficiario propuesto, frente a la Administración, mientras no se le haya notificado la resolución de concesión.

11. En cuanto a la resolución para la concesión de subvenciones:

a) Una vez aprobada la propuesta de resolución definitiva, el órgano competente resolverá el procedimiento de forma motivada de conformidad con lo que dispongan las bases reguladoras de la subvención debiendo, en todo caso, quedar acreditados en el procedimiento los fundamentos de la resolución que se adopte.

b) La resolución, además de contener el solicitante o relación de solicitantes a los que se concede la subvención, hará constar, en su caso, de manera expresa, la desestimación del resto de las solicitudes.

c) El plazo máximo para resolver y notificar la resolución del procedimiento no podrá exceder de tres meses, salvo que una norma con rango de ley establezca un plazo mayor o así venga previsto en la normativa de la Unión Europea.

d) Las respuestas a) y b) son correctas.

12. La notificación de la resolución del procedimiento:

a) Se hará a los interesados de acuerdo con lo previsto en el artículo 50 de la Ley 38/2015, de 3 de octubre, del Procedimiento Administrativo Común de las Administraciones Públicas.

b) Se hará a los interesados de acuerdo con lo previsto en el artículo 40 de la Ley 39/2015, de 3 de octubre, del Procedimiento Administrativo Común de las Administraciones Públicas.

c) Se ajustará a las disposiciones contenidas en los artículos 41 y siguientes de la Ley 39/2015, de 1 de octubre, del Procedimiento Administrativo Común de las Administraciones Públicas.

d) Se ajustará a las disposiciones contenidas en los artículos 45 y siguientes de la Ley 39/2015, de 3 de octubre, del Procedimiento Administrativo Común de las Administraciones Públicas.

13. Las normas especiales reguladoras de las subvenciones indicadas en el párrafo c) del apartado 2 del artículo 22 de la Ley 38/2003 se desarrollan en el artículo 67 del RD 887/2006, de 21 de julio, y contendrá como mínimo los siguientes extremos:

a) Definición del objeto de las subvenciones, con indicación del carácter singular de las mismas y las razones que acreditan el interés público, social, económico o humanitario y aquellas que justifican la dificultad de su convocatoria pública.

b) Régimen jurídico aplicable, beneficiarios y modalidades de ayuda.

c) Procedimiento de concesión y régimen de justificación de la aplicación dada a las subvenciones por los beneficiarios y, en su caso, entidades colaboradoras.

d) Todas son correctas.

14. Señala la correcta:

a) Se producirá la pérdida del derecho al cobro total o parcial de la subvención en el supuesto de falta de justificación o de concurrencia de alguna de las causas de reintegro previstas en el artículo 37 de la Ley 38/2003.

b) No podrán efectuarse pagos por anticipado ni pagos a cuenta.

c) Podrán realizarse pagos anticipados a beneficiarios cuando se haya solicitado la declaración de concurso voluntario, haber sido declarados insolventes en cualquier procedimiento o hallarse declarado en concurso.

d) Podrá realizarse el pago de la subvención aunque el beneficiario no se halle al corriente en el cumplimiento de sus obligaciones tributarias y frente a la Seguridad Social o sea deudor por resolución de procedencia de reintegro.

15. Marca una de las causas de nulidad de la resolución de la concesión:

a) Las indicadas en el artículo 54 de la Ley 39/2015, de 3 de octubre, del Procedimiento Administrativo Común de las Administraciones Públicas.

b) La carencia o insuficiencia de crédito, de conformidad con lo establecido en el artículo 60 de la Ley General Presupuestaria y las demás normas de igual carácter de las Administraciones Públicas sujetas a la Ley 38/2003.

c) Infracciones del ordenamiento jurídico, y, en especial, de las reglas contenidas en la Ley 38/2003, de conformidad con lo dispuesto en el artículo 68 de la Ley 39/2015, de 3 de octubre, del Procedimiento Administrativo Común de las Administraciones Públicas.

d) Ninguna es correcta.

En MADTEST tienes **más preguntas de este tema**, y todos tus avances quedan registrados y se reflejan en el ranking.

¡Supera tus límites con MADTEST!

Solución al test n.º 10

1. d) En el título IV, el capítulo I y los artículos 59, 65, 67, 68 y 69 del capítulo II.

2. d) Todas son correctas.

3. a) Se consideran subvenciones y ayudas públicas regladas aquellas que se destinan a una pluralidad de beneficiarios y que se otorguen por la Administración con arreglo a los principios de publicidad, libre concurrencia y objetividad.

4. d) Todas son correctas.

5. b) El que ha sido efectivamente pagado con anterioridad a la finalización del período de justificación determinado por la normativa reguladora de la subvención.

6. d) Solicitar como mínimo tres ofertas de diferentes proveedores, con carácter previo a la contracción del compromiso para la obra, la prestación del servicio o la entrega del bien.

7. d) Ninguna es correcta.

8. c) Con carácter excepcional, aquellas otras subvenciones en que se acrediten razones de interés público, social, económico o humanitario, u otras debidamente justificadas que dificulten su convocatoria pública.

9. c) La convocatoria contendrá además indicación del objeto, condiciones y finalidad de la concesión de la subvención.

10. a) La instrucción del procedimiento de concesión de subvenciones corresponde al órgano que se designe en la convocatoria.

11. d) Las respuestas a) y b) son correctas.

12. c) Se ajustará a las disposiciones contenidas en los artículos 41 y siguientes de la Ley 39/2015, de 1 de octubre, del Procedimiento Administrativo Común de las Administraciones Públicas.

13. d) Todas son correctas.

14. a) Se producirá la pérdida del derecho al cobro total o parcial de la subvención en el supuesto de falta de justificación o de concurrencia de alguna de las causas de reintegro previstas en el artículo 37 de la Ley 38/2003.

15. b) La carencia o insuficiencia de crédito, de conformidad con lo establecido en el artículo 60 de la Ley General Presupuestaria y las demás normas de igual carácter de las Administraciones Públicas sujetas a la Ley 38/2003.

La transparencia de la actividad pública. Publicidad activa. El derecho de acceso a la información pública

1. En el Capítulo I del Título I: "Transparencia de la actividad pública" de la Ley 19/2013, concretamente en el art. 3, se señala que serán objeto de aplicación de las disposiciones las entidades privadas:

a) En cuyo capital social la participación, directa o indirecta, sea superior al 50 por 100.

b) Que perciban durante el período de un año ayudas o subvenciones públicas en una cuantía superior a 100.000 euros o cuando al menos el 40% del total de sus ingresos anuales tengan carácter de ayuda o subvención pública, siempre que alcancen como mínimo la cantidad de 5.000 euros.

c) Con personalidad jurídica propia, vinculadas a cualquiera de las Administraciones Públicas o dependientes de ellas.

d) Que tengan atribuidas funciones de regulación o supervisión de carácter externo sobre un determinado sector o actividad.

2. A tenor del artículo 2.1 de la Ley 19/2013, es cierto que las disposiciones del Título I son de aplicación:

a) A las entidades gestoras y los servicios comunes de la Seguridad Social, pero no a las mutuas de accidentes de trabajo y enfermedades profesionales colaboradoras de la Seguridad Social.

b) Las corporaciones de Derecho Público, en relación a todas sus actividades.

c) Los organismos autónomos, las Agencias Estatales, las entidades públicas empresariales y las entidades de Derecho Público que, con independencia funcional o con una especial autonomía reconocida por la Ley, tengan atribuidas funciones de regulación o supervisión de carácter externo sobre un determinado sector o actividad.

d) Las sociedades mercantiles.

3. A tenor del artículo 3 de la Ley 19/2013 ¿qué parte de esta ley es de aplicación a los partidos políticos?

a) El título I, referido a la transparencia de la actividad pública.

b) Del título I, el capítulo III referido al derecho de acceso a la información pública.

c) La Ley en su totalidad.

d) Del título I, el capítulo II, referido a la publicidad activa.

4. Según el artículo 5.4 de la Ley 19/2013, de 9 de diciembre, de transparencia, acceso a la información pública y buen gobierno, la información sujeta a las obligaciones de transparencia será publicada en las correspondientes sedes electrónicas o páginas web:

a) De una manera clara, estructurada y entendible para los interesados.

b) Obligatoriamente, en formatos reutilizables.

c) Previa autorización del órgano inmediatamente superior al responsable de la sede electrónica o página web.

d) En los términos que establezca una ley.

5. En virtud del artículo 5.3 de la Ley 19/2013, cuando la información pública contuviera datos especialmente protegidos, la publicidad solo se llevará a cabo:

a) Previa disociación de los mismos.

b) Previo consentimiento de los afectados.

c) De forma personalizada.

d) De forma codificada.

6. Según el artículo 5.5 de la Ley 19/2013, de 9 de diciembre, de transparencia, acceso a la información pública y buen gobierno, toda la información será comprensible, de acceso fácil y gratuito y estará a disposición de las personas con discapacidad en una modalidad suministrada por medios o en formatos adecuados de manera que resulten accesibles y comprensibles, conforme al principio de:

a) Igualdad de oportunidades.

b) No discriminación.

c) Eficacia.

d) Accesibilidad universal y diseño para todos.

7. Conforme al artículo 6.1 de la Ley 19/2013, los sujetos comprendidos en el ámbito de aplicación del título I publicarán información relativa a las funciones que desarrollan, la normativa que les sea de aplicación así como a su estructura organizativa. A estos efectos, para identificar a los responsables de los diferentes órganos y su perfil y trayectoria profesional, deberán incluir:

a) Los currículos de los órganos directivos unipersonales.

b) Las declaraciones de bienes de los órganos directivos.

c) Un organigrama actualizado.

d) La relación de puestos directivos.

8. Conforme al artículo 6 bis de la Ley 19/2013, cuál de las siguientes categorías de responsables o encargados deberán hacer público un inventario de sus actividades de tratamiento de datos de carácter personal accesible por medios electrónicos:

a) Los consorcios.
b) Los bancos y las cajas de ahorros.
c) Las universidades privadas.
d) Los sindicatos.

9. En virtud del artículo 7 de la Ley 19/2013, de 9 de diciembre, de transparencia, acceso a la información pública y buen gobierno, ¿deben publicar las Administraciones Públicas, en el ámbito de sus competencias, las directrices, instrucciones, acuerdos, circulares o respuestas a consultas planteadas por los particulares u otros órganos?

a) No, en ningún caso.
b) Sí, en todo caso.
c) Sí, siempre que no tengan efectos jurídicos.
d) Sí, en la medida en que supongan una interpretación del Derecho o tengan efectos jurídicos.

10. En relación a la información de relevancia jurídica, el artículo 7 de la Ley 19/2013 señala que, las Administraciones Públicas, en el ámbito de sus competencias, publicarán los documentos:

a) Que deriven de consultas planteadas por los particulares.
b) Que, conforme a la legislación sectorial vigente, deban ser sometidos a un período de información pública durante su tramitación.
c) Que contengan memorias o informes.
d) Cuya iniciativa les corresponda.

11. Según el artículo 8.1 de la Ley 19/2013, la información relativa a los contratos menores:

a) Deberá realizarse mensualmente.
b) Deberá realizarse trimestralmente.
c) Podrá realizarse trimestralmente.
d) Podrá realizarse semestralmente.

12. Según el artículo 9.1 de la Ley 19/2013, el cumplimiento por la Administración General del Estado de las obligaciones de publicidad activa será objeto de control por parte de:

a) El Ministerio competente en materia de Administraciones Públicas.
b) El Defensor del Pueblo.
c) El Consejo de Transparencia y Buen Gobierno.
d) La Inspección de Servicios.

13. El Portal de la Transparencia contendrá información publicada de acuerdo con las prescripciones técnicas que se establezcan reglamentariamente que deberán adecuarse a los siguientes principios. Señala la respuesta incorrecta:

a) Accesibilidad.
b) Interoperabilidad.
c) Control.
d) Reutilización.

14. La iniciativa normativa de las Administraciones Públicas debe evitar cargas administrativas innecesarias o accesorias y racionalizar la gestión de los recursos públicos, en aplicación del principio de:

a) Accesibilidad.
b) Eficacia.
c) Simplicidad.
d) Seguridad jurídica.

15. A los efectos de aplicación a sus responsables del régimen disciplinario previsto en la correspondiente normativa reguladora, el incumplimiento reiterado de las obligaciones de publicidad activa tendrá la consideración de:

a) Infracción leve.
b) Infracción grave.
c) Infracción muy grave.
d) Infracción grave o muy grave.

En MADTEST tienes **más preguntas de este tema**, y todos tus avances quedan registrados y se reflejan en el ranking.

¡Supera tus límites con MADTEST!

Solución al test n.º 11

1. b) Que perciban durante el período de un año ayudas o subvenciones públicas en una cuantía superior a 100.000 euros o cuando al menos el 40% del total de sus ingresos anuales tengan carácter de ayuda o subvención pública, siempre que alcancen como mínimo la cantidad de 5.000 euros.

2. c) Los organismos autónomos, las Agencias Estatales, las entidades públicas empresariales y las entidades de Derecho Público que, con independencia funcional o con una especial autonomía reconocida por la Ley, tengan atribuidas funciones de regulación o supervisión de carácter externo sobre un determinado sector o actividad.

3. d) Del título I, el capítulo II, referido a la publicidad activa.

4. a) De una manera clara, estructurada y entendible para los interesados.

5. a) Previa disociación de los mismos.

6. d) Accesibilidad universal y diseño para todos.

7. c) Un organigrama actualizado.

8. a) Los consorcios.

9. d) Sí, en la medida en que supongan una interpretación del Derecho o tengan efectos jurídicos.

10. b) Que, conforme a la legislación sectorial vigente, deban ser sometidos a un período de información pública durante su tramitación.

11. c) Podrá realizarse trimestralmente.

12. c) El Consejo de Transparencia y Buen Gobierno.

13. c) Control.

14. b) Eficacia.

15. b) Infracción grave.

Ley Orgánica 3/2007, de 22 de marzo, para la Igualdad Efectiva de Mujeres y Hombres: Título I: El principio de igualdad y la tutela contra la discriminación. Título V: El principio de igualdad en el empleo público. Ley Orgánica 1/2004, de 28 de diciembre, de Medidas de Protección Integral contra la Violencia de Género: Titulo II: Derechos de las mujeres víctimas de violencia de género. Título III: Tutela institucional

1. Según el artículo 9.2. de la Constitución, "corresponde a los poderes públicos .... las condiciones para que la libertad y la igualdad del individuo y de los grupos en que se integra sean reales y efectivas; .... los obstáculos que impidan o dificulten su plenitud y .... la participación de todos los ciudadanos en la vida política, económica, cultural y social.". ¿Qué tres verbos faltan en la anterior frase?

a) Promover, remover y facilitar.
b) Impulsar, superar y posibilitar.
c) Crear, eliminar y alentar.
d) Facilitar, disminuir y promover.

2. ¿Qué título de la LO 3/2007, de 22 de marzo, para la igualdad efectiva de mujeres y hombres, trata sobre el principio de igualdad en el empleo público?

a) Título II.
b) Título IV.
c) Título V.
d) Título VI.

3. Las ausencias o faltas de puntualidad al trabajo motivadas por la situación física o psicológica derivada de la violencia de género se considerarán:

a) Justificadas, cuando así lo determinen las autoridades judiciales.
b) Justificadas en todo caso.

c) Justificadas, cuando así lo determinen los servicios sociales de atención o servicios de salud, según proceda.

d) Faltas leves.

4. Las obligaciones establecidas en la LO 3/2007 son de aplicación:

a) A toda persona, física o jurídica, que se encuentre o actúe en territorio español, cualquiera que fuese su nacionalidad, domicilio o residencia.

b) A todos los ciudadanos españoles, ya sea en territorio español o territorio de cualquier país extranjero.

c) A toda persona, física o jurídica, que se encuentre o actúe en territorio español, con nacionalidad española.

d) A toda persona, física o jurídica, que resida en territorio español, cualquiera que fuese su nacionalidad.

5. Según el artículo 4 de la LO 3/2007, la igualdad de trato y de oportunidades entre mujeres y hombres:

a) Es un deber de las Administraciones Públicas.

b) Es una fuente formal del Derecho.

c) Es un principio informador del ordenamiento jurídico.

d) Es un objetivo fundamental del procedimiento administrativo.

6. Señala la respuesta incorrecta. Según el artículo 3 de la LO 3/2007, el principio de igualdad de trato entre mujeres y hombres supone la ausencia de toda discriminación, directa o indirecta, por razón de sexo, y especialmente, las derivadas de:

a) La maternidad.

b) La tendencia sexual.

c) La asunción de obligaciones familiares.

d) El estado civil.

7. La situación en que se encuentra una persona que sea, haya sido o pudiera ser tratada, en atención a su sexo, de manera menos favorable que otra en situación comparable, se considera:

a) Discriminación directa.

b) Acoso sexual.

c) Discriminación indirecta.

d) Violencia de género.

8. Cualquier comportamiento realizado en función del sexo de una persona, con el propósito o el efecto de atentar contra su dignidad y de crear un entorno intimidatorio, degradante u ofensivo, constituye:

a) Discriminación directa.

b) Acoso sexual.

c) Acoso por razón de sexo.
d) Discriminación indirecta.

9. Los actos y las cláusulas de los negocios jurídicos que constituyan o causen discriminación por razón de sexo se considerarán:

a) Válidos, pero anulables.
b) Nulos y sin efecto.
c) Ilegales.
d) Nulos, pero con efectos.

10. Con el fin de hacer efectivo el derecho constitucional de la igualdad, los Poderes Públicos adoptarán medidas específicas en favor de las mujeres para corregir situaciones patentes de desigualdad de hecho respecto de los hombres. Tales medidas, que serán aplicables en tanto subsistan dichas situaciones, habrán de ser en relación con el objetivo perseguido en cada caso, razonables y:

a) Justificadas.
b) Autorizadas judicialmente.
c) Transparentes.
d) Proporcionadas.

11. El Capítulo III del Título V de la LO 3/2007 establece una serie de medidas que han de aplicarse obligatoriamente en la Administración General del Estado y en los organismos públicos vinculados o dependientes de ella, para favorecer la igualdad en el empleo público. Entre ellas figura:

a) Siempre que se apruebe la celebración de convocatorias de pruebas selectivas para el acceso al empleo público, sin excepción, se incluirá un informe de impacto de género.
b) En las bases de los concursos para la provisión de puestos de trabajo se computará, a los efectos de valoración del trabajo desarrollado y de los correspondientes méritos, el tiempo que las personas candidatas hayan permanecido en excedencia, reducción de jornada o permisos relacionados con la maternidad.
c) Cuando el período de vacaciones coincida con una incapacidad temporal derivada del embarazo, parto o lactancia natural, o con el permiso de maternidad, o con su ampliación por lactancia, la empleada pública tendrá derecho a disfrutar las vacaciones en fecha distinta, siempre que no haya terminado el año natural al que correspondan.
d) Preferencia por tiempo indefinido, en la adjudicación de plazas para participar en los cursos de formación a quienes se hayan incorporado al servicio activo procedentes del permiso de maternidad o paternidad, o hayan reingresado desde la situación de excedencia por razones de guarda legal y atención a personas mayores dependientes o personas con discapacidad.

12. Según el artículo 60.2. de la LO 3/2007, con el fin de facilitar la promoción profesional de las empleadas públicas y su acceso a puestos directivos en la Administración General del Estado y en los organismos públicos vinculados o dependientes de ella, en las convocatorias de los correspondientes cursos de formación se reservará para su adjudicación a aquellas que reúnan los requisitos establecidos, al menos:

a) Un 40 % de las plazas.
b) Un 50 % de las plazas.
c) Un 60 % de las plazas.
d) Un 75 % de las plazas.

13. Los Capítulos IV y V del Título V de la LO 3/2007 recogen expresamente el respeto que han de tener las normas sobre personal de las Fuerzas Armadas y las normas reguladoras de las Fuerzas y Cuerpos de Seguridad del Estado, al principio de igualdad, impidiendo cualquier situación de discriminación sobre todo en lo referente al sistema de acceso, formación, ascensos, destinos y:

a) Jornada de trabajo.
b) Retribuciones.
c) Vacaciones.
d) Situaciones administrativas.

14. Según la Ley Orgánica 3/2007, de 22 de marzo, el objeto de esta ley consiste en:

a) Garantizar la igualdad formal entre mujeres y hombres en el ámbito laboral.
b) Hacer efectivo el derecho de igualdad de trato y de oportunidades entre mujeres y hombres.
c) Establecer el régimen sancionador en materia de discriminación por razón de sexo.
d) Regular las políticas públicas destinadas a la protección de la mujer.

15. Según la Ley Orgánica 3/2007, de 22 de marzo, los derechos derivados del principio de igualdad de trato y de la prohibición de discriminación por razón de sexo:

a) Corresponden a todas las personas.
b) Corresponden a las personas que se encuentren en el ámbito de una relación laboral.
c) Corresponden a las personas que acrediten interés legítimo.
d) Corresponden a quienes tengan la condición de ciudadanos españoles.

En MADTEST tienes **más preguntas de este tema**, y todos tus avances quedan registrados y se reflejan en el ranking.

¡Supera tus límites con MADTEST!

Solución al test n.º 12

1. a) Promover, remover y facilitar.

2. c) Título V.

3. c) Justificadas, cuando así lo determinen los servicios sociales de atención o servicios de salud, según proceda.

4. a) A toda persona, física o jurídica, que se encuentre o actúe en territorio español, cualquiera que fuese su nacionalidad, domicilio o residencia.

5. c) Es un principio informador del ordenamiento jurídico.

6. b) La tendencia sexual.

7. a) Discriminación directa.

8. c) Acoso por razón de sexo.

9. b) Nulos y sin efecto.

10. d) Proporcionadas.

11. b) En las bases de los concursos para la provisión de puestos de trabajo se computará, a los efectos de valoración del trabajo desarrollado y de los correspondientes méritos, el tiempo que las personas candidatas hayan permanecido en excedencia, reducción de jornada o permisos relacionados con la maternidad.

12. a) Un 40 % de las plazas.

13. d) Situaciones administrativas.

14. b) Hacer efectivo el derecho de igualdad de trato y de oportunidades entre mujeres y hombres.

15. a) Corresponden a todas las personas.

TEST N.º 13

Ley 31/1995 de 8 de noviembre, de Prevención de Riesgos Laborales: Capítulo III.- Derechos y Obligaciones

1. La Ley de Prevención de Riesgos laborales, tiene por objeto:

a) Prevenir los accidentes en general.
b) Evitar riesgos en el recorrido al puesto de trabajo.
c) Promover la seguridad y la salud de los trabajadores.
d) Que cada vez haya menos accidentes de tráfico.

2. Qué se entiende por "riesgo laboral":

a) La posibilidad de que un trabajador sufra un determinado daño derivado del trabajo.
b) La posibilidad de que un trabajador sufra una enfermedad en el trabajo.
c) La posibilidad de que un trabajador sufra acoso.
d) El riesgo que supone el ir a trabajar.

3. Indica cuál es la definición de prevención:

a) La probabilidad racional de que un riesgo se materialice de forma inminente.
b) El estudio de los procesos potencialmente peligrosos para el trabajo.
c) Conjunto de actividades o medidas adoptadas o previstas en todas las fases de actividad de la empresa con el fin de evitar o disminuir los riesgos derivados del trabajo.
d) Posibilidad de que un trabajador sufra un determinado daño derivado del trabajo.

4. Según establece el art. 4 de la Ley 31/1995, de 8 de noviembre, de Prevención de Riesgos Laborales, se define como daños derivados del trabajo.

a) La posibilidad de que un trabajador sufra un determinado daño derivado del trabajo.
b) El que resulte probable racionalmente que se materialice en un futuro inmediato y pueda suponer y pueda suponer un daño grave para la salud de los trabajadores.
c) Las enfermedades, patologías o lesiones sufridas con motivo u ocasión del trabajo.
d) Cualquier máquina, aparato, instrumento o instalación utilizada en el trabajo.

5. Se considera como "condición de trabajo"

a) Cualquier característica del trabajo que pueda tener una influencia significativa en la generación de riesgos para la seguridad y la salud del trabajador, quedando excluidas las características generales de los locales e instalaciones, existentes en el centro de trabajo.

b) La naturaleza de los agentes físicos, químicos y biológicos presentes en el ambiente de trabajo y sus correspondientes intensidades, concentraciones o niveles de presencia además de las instalaciones, incluidas las características organizativas del trabajo.

c) Todas aquellas características del trabajo, excluidas las relativas a su organización y ordenación, que influyan en la magnitud de los riesgos a que esté expuesto el trabajador.

d) Todas son correctas.

6. Señale la respuesta incorrecta:

a) La Ley de Prevención de Riesgos Laborales se aplica a los operativos de protección civil en casos de catástrofe.

b) La Ley de Prevención de Riesgos Laborales se aplica a las sociedades cooperativas.

c) En el ámbito de la relación laboral de carácter especial del servicio del hogar familiar, las personas trabajadoras tienen derecho a una protección eficaz en materia de seguridad y salud en el trabajo.

d) En los establecimientos penitenciarios, se adaptarán a la Ley de Prevención de Riesgos Laborales aquellas actividades cuyas características justifiquen una regulación especial.

7. Qué artículo de la Constitución Española indica que los poderes públicos deben velar por la seguridad e higiene en el trabajo:

a) Artículo 28.
b) Artículo 35.
c) Artículo 40.
d) Artículo 43.

8. Para calificar un riesgo desde el punto de vista de su gravedad, se valorarán conjuntamente la severidad del daño y:

a) La probabilidad de que se produzca.
b) La cantidad de trabajadores de la empresa.
c) La existencia o no de equipos individuales de protección.
d) Las condiciones de trabajo.

9. ¿Quién debe garantizar a los trabajadores la vigilancia periódica de su estado de salud en función de los riesgos inherentes al trabajo?:

a) La Inspección de Trabajo.
b) El propio trabajador.

c) El empresario.
d) Las secciones sindicales.

10. El derecho básico reconocido a los trabajadores por la Ley 31/1995, de 8 de noviembre, es:

a) La vigilancia de su estado de salud.
b) Una protección eficaz en materia de seguridad y salud en el trabajo.
c) La formación en materia preventiva.
d) La información, consulta y participación.

11. Entre los principios de la acción preventiva recogidos por el artículo 15 de la Ley de Prevención de Riesgos Laborales, no figura:

a) Evitar los riesgos.
b) Evaluar los riesgos que se puedan evitar.
c) Tener en cuenta la evolución de la técnica.
d) Dar las debidas instrucciones a los trabajadores.

12. ¿Cuál de los siguientes principios generales de la acción preventiva a aplicar en el trabajo, contenidos en la Ley de Prevención de Riesgos Laborales, es incorrecto?

a) Evaluar los riesgos que no se pueden evitar.
b) Priorizar medidas individuales a las colectivas.
c) Combatir los riesgos en su origen.
d) Tener en cuenta la evolución de la técnica.

13. En el marco de sus responsabilidades, el empresario realizará la prevención de los riesgos laborales mediante la integración en la empresa de:

a) Los equipos de protección individual.
b) Los Servicios de Prevención propios.
c) La actividad preventiva.
d) La normativa comunitaria.

14. Podrán realizar el plan de prevención de riesgos laborales, la evaluación de riesgos y la planificación de la actividad preventiva de forma simplificada, en atención a la naturaleza y peligrosidad de las actividades realizadas, empresas cuyo número de trabajadores no exceda de:

a) 30.
b) 50.
c) 80.
d) 100

15. En relación a la vigilancia de la salud que ha de garantizar el empresario, el acceso a la información médica de carácter personal:

a) Se limitará al empresario y a los Servicios de Prevención propios.

b) Se limitará al Jefe inmediato del trabajador.

c) Sólo será accesible al propio trabajador.

d) Se limitará al personal médico y a las autoridades sanitarias que lleven a cabo la vigilancia.

En MADTEST tienes **más preguntas de este tema**, y todos tus avances quedan registrados y se reflejan en el ranking.

¡Supera tus límites con MADTEST!

Solución al test n.º 13

1. c) Promover la seguridad y la salud de los trabajadores.

2. a) La posibilidad de que un trabajador sufra un determinado daño derivado del trabajo.

3. c) Conjunto de actividades o medidas adoptadas o previstas en todas las fases de actividad de la empresa con el fin de evitar o disminuir los riesgos derivados del trabajo.

4. c) Las enfermedades, patologías o lesiones sufridas con motivo u ocasión del trabajo.

5. b) La naturaleza de los agentes físicos, químicos y biológicos presentes en el ambiente de trabajo y sus correspondientes intensidades, concentraciones o niveles de presencia además de las instalaciones, incluidas las características organizativas del trabajo.

6. a) La Ley de Prevención de Riesgos Laborales se aplica a los operativos de protección civil en casos de catástrofe.

7. c) Artículo 40.

8. a) La probabilidad de que se produzca.

9. c) El empresario.

10. b) Una protección eficaz en materia de seguridad y salud en el trabajo.

11. b) Evaluar los riesgos que se puedan evitar.

12. b) Priorizar medidas individuales a las colectivas.

13. c) La actividad preventiva.

14. b) 50.

15. d) Se limitará al personal médico y a las autoridades sanitarias que lleven a cabo la vigilancia.

Informática básica: conceptos fundamentales sobre el hardware y el software. Sistemas de almacenamiento de datos. Sistemas operativos. Nociones básicas de seguridad informática. Hardware y software utilizado en la Administración pública. Principales elementos y conceptos de un equipo informático. Principales aplicaciones utilizadas por personal de Administración: Procesador de textos, Hoja de cálculo, Base de datos. Correo electrónico: conceptos elementales y funcionamiento

Capítulo 1. Principales elementos y conceptos de un equipo informático

1. ¿Qué número decimal es el 111 en base 2?

a) 4.
b) 6.
c) 7.
d) 8.

2. ¿En qué estructura conviven las instrucciones y los datos en la misma estructura física?

a) Hardvard.
b) Von Neumann.
c) Multiprocesador.
d) Multiusuario.

3. ¿Qué parte del ordenador realiza las operaciones matemáticas?

a) La unidad de control.
b) El acumulador.

c) El contador de programa.
d) La ALU.

Capítulo 2. Procesador de textos

1. Para moverse al inicio del documento con el teclado, ¿qué debe pulsar?

a) RePág.
b) Inicio.
c) Ctrl + Inicio.
d) Alt + Inicio.

2. Para seleccionar todo el documento, ¿qué tecla debe pulsar?

a) Ctrl + E.
b) Ctrl + C.
c) Ctrl + V.
d) Ctrl + X.

3. ¿Qué tecla debe mantener pulsada para seleccionar junto con las teclas de desplazamiento (arriba, abajo, izquierda y derecha)?

a) Ctrl.
b) Enter.
c) Alt.
d) Shift.

Capítulo 3. Hoja de cálculo

1. La celda de la fila 2 y columna B, ¿cómo se referencia?

a) 2B.
b) B2.
c) Las dos opciones primeras son correctas.
d) Las dos opciones primeras son falsas.

2. ¿Cómo se referencia el rango que va de la celda A1 hasta la celda A10?

a) 1A:10A.
b) A10:A1.
c) A1:A10.
d) A1, A10.

3. ¿Cuántas columnas tiene una hoja de cálculo?

a) 3 por defecto.
b) Las que se ven en pantalla.
c) 65.635.
d) 1024.

Capítulo 4. Base de datos

1. En una tabla, el campo que tiene que tener siempre se denomina:

a) Llave primitiva.
b) Llave primaria.
c) Llave principal.
d) Llave óptima.

2. ¿En qué casos la llave primaria puede estar sin valor?

a) Cuando es de tipo Integer.
b) En ningún caso.
c) Cuando es de tipo fecha.
d) Cuando es de tipo Numeric.

3. En el tipo Integer, ¿hasta cuántos dígitos puede tener el dato?

a) Hasta 4.
b) Hasta 5.
c) Hasta 6.
d) Hasta 10.

Capítulo 5. Correo electrónico: conceptos elementales y funcionamiento

1. Tú puedes enviar un e-mail:

a) Solo a un destinatario a la vez.
b) A dos destinatarios.
c) A los destinatarios que desees.
d) A las personas que estén almacenada en tu cuenta.

2. Para empezar a escribir un e-mail tienes que:

a) Pinchar en enviar.
b) Pinchar en leer.

c) Pinchar en redactar.

d) Dar a responder, ya que solo puedes responder los e-mails.

3. ¿Dónde se escriben los destinatarios de un e-mail?

a) Normalmente en "Para…".

b) En "Cc…".

c) En "Bcc…".

d) Puede escribirse en cualquiera de estos campos.

En MADTEST tienes **más preguntas de este tema**, y todos tus avances quedan registrados y se reflejan en el ranking.

¡Supera tus límites con MADTEST!

Solución al test n.º 14

Capítulo 1

1. c) 7.

2. b) Von Neumann.

3. d) La ALU.

Capítulo 2

1. c) Ctrl + Inicio.

2. a) Ctrl + E.

3. d) Shift.

Capítulo 3

1. b) B2.

2. c) A1:A10.

3. d) 1024.

Capítulo 4

1. b) Llave primaria.

2. b) En ningún caso.

3. d) Hasta 10.

Capítulo 5

1. c) A los destinatarios que desees.

2. c) Pinchar en redactar.

3. a) Normalmente en "Para…".

TEST N.º 15

**La atención al público:
atención personalizada e información al ciudadano.
Los servicios de información y reclamación administrativa:
presentación de escritos, quejas y sugerencias**

1. La atención al ciudadano constituye una manifestación directa de los principios que rigen la actuación de las Administraciones Públicas en el ordenamiento constitucional español. En particular, la Constitución establece que la Administración pública debe actuar con objetividad y sometimiento pleno a la ley y al Derecho. ¿En qué precepto constitucional se recoge este principio de actuación de la Administración pública?

a) El principio de legalidad tributaria recogido en el artículo 31 de la Constitución.
b) El principio de responsabilidad patrimonial previsto en el artículo 106.
c) El principio de actuación de la Administración pública recogido en el artículo 103 de la Constitución Española.
d) El principio de seguridad jurídica reconocido en el artículo 9.3 de la Constitución.

2. Las Administraciones Públicas desarrollan su actividad conforme a diversos principios organizativos y funcionales que orientan su actuación en relación con la ciudadanía y para garantizar que la actividad administrativa responda a las necesidades sociales y facilite el ejercicio de derechos por parte de las personas. ¿Qué principio expresa esta orientación de la actividad administrativa hacia los ciudadanos?

a) Principio de jerarquía administrativa.
b) Principio de servicio efectivo a los ciudadanos.
c) Principio de descentralización administrativa.
d) Principio de coordinación interadministrativa.

3. La normativa administrativa reconoce a los ciudadanos una serie de derechos en sus relaciones con las Administraciones Públicas, que constituyen garantías esenciales del Estado de Derecho. Estos derechos se encuentran recogidos principalmente en la legislación reguladora del procedimiento administrativo común. ¿En qué norma se establecen los derechos de las personas en sus relaciones con las Administraciones Públicas?

a) En la Ley 39/2015, de 1 de octubre, del Procedimiento Administrativo Común de las Administraciones Públicas.

b) En la Ley 40/2015, de Régimen Jurídico del Sector Público.

c) En la Ley 19/2013, de transparencia, acceso a la información pública y buen gobierno.

d) En el Real Decreto 208/1996 sobre servicios de información administrativa.

4. El ordenamiento jurídico distingue entre los derechos que corresponden a cualquier ciudadano en su relación con la Administración y aquellos que se reconocen específicamente a quienes participan en un procedimiento administrativo. Esta distinción tiene relevancia desde el punto de vista de las garantías jurídicas y de la participación en los expedientes administrativos. ¿Qué precepto de la Ley 39/2015 regula los derechos de los interesados en el procedimiento administrativo?

a) El artículo 13 de la Ley 39/2015.

b) El artículo 16 de la Ley 39/2015.

c) El artículo 21 de la Ley 39/2015.

d) El artículo 53 de la Ley 39/2015.

5. La atención personalizada al ciudadano constituye una manifestación directa del principio de servicio público que caracteriza a las Administraciones Públicas. A través de ella, la Administración orienta, informa y asiste a los ciudadanos en su relación con los procedimientos administrativos. ¿Cuál de las siguientes funciones forma parte de las tareas habituales del personal encargado de la atención al ciudadano?

a) Facilitar información sobre la organización administrativa y orientar sobre los procedimientos existentes.

b) Resolver los recursos administrativos presentados por los ciudadanos.

c) Dictar resoluciones administrativas en nombre del órgano competente.

d) Sustituir a los órganos administrativos en la tramitación de expedientes.

6. En el proceso de comunicación que se establece entre un empleado público y un ciudadano intervienen distintos elementos que permiten transmitir y comprender la información administrativa. Entre estos elementos se encuentra el soporte o vía mediante la cual se produce la transmisión del mensaje entre las personas que participan en la comunicación. ¿Cómo se denomina este elemento del proceso comunicativo?

a) El canal de comunicación.

b) El contexto administrativo.

c) El código lingüístico utilizado.

d) El contenido del mensaje.

7. En la atención al ciudadano, la calidad de la comunicación no depende únicamente del contenido de la información transmitida, sino también de determinados elementos que acompañan a la interacción y que influyen en la percepción del servicio recibido por el ciudadano. ¿Cuál de los siguientes elementos forma parte de estos aspectos que acompañan a la comunicación verbal?

a) La estructura jurídica del procedimiento administrativo.
b) El contenido normativo de la explicación ofrecida.
c) La postura corporal, la expresión facial y el tono de voz del empleado público.
d) El uso de formularios administrativos normalizados.

8. En la atención al público pueden aparecer diversos obstáculos que dificultan la correcta transmisión de la información entre la Administración y el ciudadano. Estas dificultades reciben la denominación de barreras de comunicación y pueden tener distinta naturaleza. ¿Cómo se denominan las dificultades que aparecen cuando el mensaje se formula mediante tecnicismos o expresiones que el ciudadano no comprende adecuadamente?

a) Barreras organizativas.
b) Barreras físicas.
c) Barreras psicológicas.
d) Barreras lingüísticas o semánticas.

9. La información administrativa constituye una función esencial de las Administraciones Públicas, ya que permite a los ciudadanos conocer sus derechos, obligaciones y los servicios disponibles. La normativa administrativa ha definido esta función con el objetivo de facilitar el acceso de los ciudadanos a la Administración. ¿Qué norma define la información administrativa como un cauce adecuado para que los ciudadanos accedan al conocimiento de sus derechos y obligaciones?

a) Ley 40/2015, de Régimen Jurídico del Sector Público.
b) Real Decreto 208/1996, de 9 de febrero, por el que se regulan los servicios de información administrativa y atención al ciudadano.
c) Ley 7/1985, Reguladora de las Bases del Régimen Local.
d) Real Decreto 203/2021 sobre administración electrónica.

10. La normativa reguladora de la información administrativa distingue entre distintos tipos de información en función de su relación con la situación jurídica concreta de los ciudadanos. Una de estas categorías comprende la información relativa a la organización, competencias y funcionamiento de los servicios públicos y puede facilitarse sin necesidad de acreditar una relación directa con un expediente administrativo. ¿Cómo se denomina este tipo de información?

a) Información particular.
b) Información procedimental.

c) Información general.

d) Información reservada.

11. La información administrativa constituye una función pública destinada a facilitar la relación entre los ciudadanos y las Administraciones Públicas. A través de esta función se proporciona a las personas el conocimiento necesario sobre la organización administrativa, los servicios públicos y los procedimientos existentes. ¿Cuál es la finalidad principal de la información administrativa en el sistema administrativo?

a) Permitir a los ciudadanos conocer la organización administrativa y facilitar el ejercicio de sus derechos y obligaciones.

b) Sustituir los procedimientos administrativos mediante actuaciones informales.

c) Garantizar la discrecionalidad de los órganos administrativos.

d) Limitar el acceso de los ciudadanos a los servicios públicos.

12. La normativa administrativa distingue entre información general e información particular con el fin de ordenar el acceso de los ciudadanos a la información que obra en poder de las Administraciones Públicas. ¿Qué característica define a la información particular?

a) Se refiere exclusivamente a normas jurídicas publicadas oficialmente.

b) Está relacionada con expedientes administrativos concretos y con la situación jurídica de personas determinadas.

c) Puede facilitarse sin limitaciones a cualquier ciudadano.

d) Se limita a la información publicada en sedes electrónicas.

13. El acceso a determinada información administrativa puede estar condicionado por la necesidad de proteger derechos e intereses legítimos de los ciudadanos implicados en un procedimiento. ¿Quién puede acceder con carácter general a la información particular relativa a un procedimiento administrativo?

a) Las personas que tengan la condición de interesadas en el procedimiento o sus representantes.

b) Cualquier ciudadano que solicite información administrativa.

c) Los órganos jurisdiccionales exclusivamente.

d) Los empleados públicos de cualquier Administración.

14. Las Administraciones Públicas utilizan distintos medios para proporcionar información administrativa a los ciudadanos, tanto por canales presenciales como a través de medios electrónicos que facilitan el acceso a la información pública. ¿Cuál de los siguientes constituye un medio habitual de difusión de información administrativa en el entorno digital?

a) Los órganos jurisdiccionales.

b) Las plataformas de contratación pública.

c) Los portales institucionales y sedes electrónicas de las Administraciones Públicas.

d) Los registros mercantiles.

15. En las oficinas de atención presencial de las Administraciones Públicas, el personal desempeña funciones de información y orientación destinadas a facilitar la relación de los ciudadanos con los procedimientos administrativos. Estas funciones no implican la adopción de decisiones administrativas ni la resolución de expedientes. ¿Cuál de las siguientes actuaciones corresponde a estas funciones de atención presencial?

a) Resolver los procedimientos administrativos iniciados por los ciudadanos.

b) Sustituir la actuación de los órganos administrativos competentes.

c) Aprobar resoluciones administrativas.

d) Orientar a los ciudadanos sobre procedimientos, requisitos y trámites administrativos.

En MADTEST tienes **más preguntas de este tema**, y todos tus avances quedan registrados y se reflejan en el ranking.

¡Supera tus límites con MADTEST!

Solución al test n.º 15

1. c) El principio de actuación de la Administración pública recogido en el artículo 103 de la Constitución Española.

2. b) Principio de servicio efectivo a los ciudadanos.

3. a) En la Ley 39/2015, de 1 de octubre, del Procedimiento Administrativo Común de las Administraciones Públicas.

4. d) El artículo 53 de la Ley 39/2015.

5. a) Facilitar información sobre la organización administrativa y orientar sobre los procedimientos existentes.

6. a) El canal de comunicación.

7. c) La postura corporal, la expresión facial y el tono de voz del empleado público.

8. d) Barreras lingüísticas o semánticas.

9. b) Real Decreto 208/1996, de 9 de febrero, por el que se regulan los servicios de información administrativa y atención al ciudadano.

10. c) Información general.

11. a) Permitir a los ciudadanos conocer la organización administrativa y facilitar el ejercicio de sus derechos y obligaciones.

12. b) Está relacionada con expedientes administrativos concretos y con la situación jurídica de personas determinadas.

13. a) Las personas que tengan la condición de interesadas en el procedimiento o sus representantes.

14. c) Los portales institucionales y sedes electrónicas de las Administraciones Públicas.

15. d) Orientar a los ciudadanos sobre procedimientos, requisitos y trámites administrativos.

**El Gobierno Abierto. Concepto y principios informadores.
La transparencia de la actividad pública. Publicidad activa.
Principios generales y derecho de acceso a la información pública.
La protección de datos personales. Régimen Jurídico**

1. El Gobierno Abierto puede definirse, con carácter general, como:

a) Un sistema de control político de la actuación administrativa.

b) Un procedimiento especial de participación ciudadana.

c) Un modelo de actuación pública basado en la transparencia, la participación y la colaboración entre poderes públicos y sociedad.

d) Un conjunto de obligaciones de publicidad activa impuestas a las Administraciones públicas.

2. Uno de los rasgos que mejor distinguen al Gobierno Abierto respecto de modelos administrativos tradicionales es:

a) La sustitución del principio de legalidad por el de oportunidad.

b) La apertura de la actividad pública a una relación más dinámica con la ciudadanía.

c) La desaparición de la estructura jerárquica de la Administración.

d) La supresión de los procedimientos reglados.

3. En la evolución del concepto de Gobierno Abierto, uno de los factores que favoreció su consolidación fue:

a) La reducción del número de Administraciones territoriales.

b) La unificación del procedimiento administrativo en Europa.

c) El impacto de las tecnologías de la información y la comunicación en la relación entre ciudadanía y poderes públicos.

d) La desaparición de las formas representativas de democracia.

4. El segundo pilar del Gobierno Abierto es la participación ciudadana, entendida como:

a) La intervención de la ciudadanía en la elaboración, ejecución y evaluación de las políticas públicas.
b) La emisión de informes preceptivos por asociaciones ciudadanas.
c) La sustitución de la representación política por fórmulas asamblearias.
d) La gestión directa de servicios públicos por la ciudadanía.

5. La colaboración, como pilar del Gobierno Abierto, implica principalmente:

a) La delegación del ejercicio de potestades administrativas en entidades privadas.
b) La cooperación entre Administraciones públicas y sociedad en la identificación de problemas y en el diseño de soluciones.
c) La sustitución de la Administración por redes sociales y plataformas digitales.
d) La obligación de las entidades privadas de financiar políticas públicas.

6. En el marco del Gobierno Abierto, las tecnologías de la información y la comunicación permiten:

a) Eliminar la necesidad de procedimientos administrativos.
b) Facilitar nuevas formas de difusión de información, participación y colaboración con la ciudadanía.
c) Sustituir por completo los cauces formales de relación con la Administración.
d) Convertir toda actuación administrativa en automatizada.

7. El principio de transparencia, como principio informador del Gobierno Abierto, se materializa sobre todo mediante:

a) Los recursos administrativos y jurisdiccionales.
b) La planificación estratégica y la evaluación pública.
c) La publicidad activa y el derecho de acceso a la información pública.
d) La potestad sancionadora de la Administración.

8. El principio de colaboración supone que la gestión de los asuntos públicos:

a) No debe concebirse como una tarea asumida exclusivamente por los poderes públicos.
b) Debe atribuirse de forma preferente al sector privado.
c) Ha de quedar reservada a los órganos superiores de cada Administración.
d) Debe separarse de la participación ciudadana para garantizar la objetividad.

9. El principio de accesibilidad y reutilización de la información pública implica que los datos y documentos públicos deben ponerse a disposición de la ciudadanía:

a) Con acceso restringido a quienes acrediten interés legítimo.
b) De forma clara, comprensible y susceptible de utilización para nuevos servicios o aplicaciones.

c) Mediante publicación exclusiva en diarios oficiales.
d) Con exclusión de su aprovechamiento económico o social.

10. El principio de innovación y mejora continua, dentro del Gobierno Abierto, se refiere a:

a) La reducción del número de órganos administrativos.
b) La aprobación de normas con menor contenido técnico.
c) La búsqueda de nuevas metodologías, tecnologías y mecanismos de participación para mejorar la gestión pública.
d) La sustitución de la legalidad por la experimentación administrativa.

11. En el marco del Gobierno Abierto, la transparencia administrativa se configura principalmente como:

a) Un sistema de control interno de la actividad administrativa.
b) Un principio estructural que permite conocer y evaluar la actuación de los poderes públicos.
c) Un procedimiento específico de participación ciudadana.
d) Una técnica de gestión documental.

12. La transparencia contribuye a mejorar la calidad de las políticas públicas porque:

a) Reduce el número de decisiones discrecionales de la Administración.
b) Permite sustituir el control parlamentario por el control social.
c) Facilita que la ciudadanía disponga de información suficiente para participar de forma informada en los asuntos públicos.
d) Garantiza la intervención directa de los ciudadanos en la gestión administrativa.

13. Desde la perspectiva del Gobierno Abierto, la transparencia cónstituye un pilar fundamental porque:

a) Permite sustituir el procedimiento administrativo por mecanismos de consulta pública.
b) Facilita el control jerárquico entre órganos administrativos.
c) Proporciona la información necesaria para que la ciudadanía pueda comprender la actuación de los poderes públicos.
d) Asegura la confidencialidad de las actuaciones administrativas.

14. La relación existente entre transparencia y participación ciudadana puede explicarse porque:

a) La transparencia elimina la necesidad de mecanismos participativos.
b) El acceso a la información pública resulta imprescindible para que la participación sea efectiva.

c) La participación ciudadana sustituye al derecho de acceso a la información pública.

d) Ambos principios operan de forma independiente.

15. El incremento de la transparencia administrativa contribuye a prevenir prácticas irregulares fundamentalmente porque:

a) Reduce el margen de discrecionalidad normativa.

b) Incrementa el número de procedimientos administrativos.

c) Somete la actuación de los poderes públicos a un mayor grado de escrutinio público.

d) Transfiere la responsabilidad administrativa a los órganos de control.

En MADTEST tienes **más preguntas de este tema**, y todos tus avances quedan registrados y se reflejan en el ranking.

¡Supera tus límites con MADTEST!

Solución al test n.º 16

1. c) Un modelo de actuación pública basado en la transparencia, la participación y la colaboración entre poderes públicos y sociedad.

2. b) La apertura de la actividad pública a una relación más dinámica con la ciudadanía.

3. c) El impacto de las tecnologías de la información y la comunicación en la relación entre ciudadanía y poderes públicos.

4. a) La intervención de la ciudadanía en la elaboración, ejecución y evaluación de las políticas públicas.

5. b) La cooperación entre Administraciones públicas y sociedad en la identificación de problemas y en el diseño de soluciones.

6. b) Facilitar nuevas formas de difusión de información, participación y colaboración con la ciudadanía.

7. c) La publicidad activa y el derecho de acceso a la información pública.

8. a) No debe concebirse como una tarea asumida exclusivamente por los poderes públicos.

9. b) De forma clara, comprensible y susceptible de utilización para nuevos servicios o aplicaciones.

10. c) La búsqueda de nuevas metodologías, tecnologías y mecanismos de participación para mejorar la gestión pública.

11. b) Un principio estructural que permite conocer y evaluar la actuación de los poderes públicos.

12. c) Facilita que la ciudadanía disponga de información suficiente para participar de forma informada en los asuntos públicos.

13. c) Proporciona la información necesaria para que la ciudadanía pueda comprender la actuación de los poderes públicos.

14. b) El acceso a la información pública resulta imprescindible para que la participación sea efectiva.

15. c) Somete la actuación de los poderes públicos a un mayor grado de escrutinio público.

Cómo acceder al Curso

Auxiliar Administrativo/a
Test del temario

El uso de los códigos **es exclusivo de los compradores de los productos de Editorial MAD**. Cada producto posee un código único y de un solo uso. Es personal e intransferible y da acceso a servicios y contenidos adicionales. Editorial MAD se reserva el derecho de hacer cuantas comprobaciones sean necesarias para identificar al legítimo poseedor del código y dejar de dar servicio a quien haga uso fraudulento del mismo, además de emprender cuantas acciones legales estime oportunas según la legislación vigente.

Deberás acceder a:

mad.es/registro-campus

Si una vez aceptadas las condiciones de uso del Campus decides hacer uso del mismo, necesitarás del siguiente código de acceso junto con los códigos del resto de títulos que se exigen (si fuera el caso):

3GSH59QKN6